A[illegible] [illegible]ICZ

SZTUKA ŻYCIA ŚWIADOMEGO

MEDIUM

Szkoła Świadomego Tworzenia Rzeczywistości

Tytuł oryginału: *Consciousness & The Enlightened Body*

Projekt okładki: Agencja Kreatywna Esendi (esendi.com)
Opracowanie redakcyjne: Anna Jutta-Walenko
Skład i łamanie: Katarzyna Lubańska

Wydawnictwo MEDIUM Sp. z o.o.
05-510 Konstancin-Jeziorna
Czarnów 172/2 (ul. Diamentowa 11)
tel. 22 754-62-16
tel. kom. 600 315 463
e-mail: sekretariat@medium.com.pl

Sprzedaż wysyłkowa:
http://www.medium.com.pl
tel. 22 754-62-16, tel. kom. 600 315 463

Dział Handlowy, dystrybucja:
Grupa A5 Sp. z o.o.
92-101 Łódź, ul. Krokusowa 1-3
tel./fax 42 674-37-95, 676-49-29
e-mail: handlowy@grupaa5.com.pl

ISBN: 978-83-61987-31-4

SZTUKA ŻYCIA ŚWIADOMEGO

Dla moich dzieci, Marty i Grzegorza

PRZEDMOWA

– Jak stać się motylem? – zapytała.

– Musisz tak bardzo chcieć latać, że jesteś gotowa zrezygnować z bycia gąsienicą.

Anonim

Co jest sensem życia? Niektórzy twierdzą, że polega ono na tym, iż rodzimy się, cierpimy aż w końcu umieramy.

Zawsze czułam, że chodzi o coś więcej. Im głębiej się nad tym zastanawiałam, tym bardziej byłam przekonana, że musi istnieć jakiś powód, dla którego każdy z nas tu jest, i że życie każdego z nas ma wpływ na ten świat. Doszłam w końcu do wniosku, że jesteśmy nie tylko uczestnikami, ale i twórcami otaczającego nas świata. A skoro tak, to powstają pytania: czy budujemy go świadomie, czy po omacku? Czy ten proces opiera się wyłącznie na intelekcie, czy przebiega w przestrzeni bezwarunkowej miłości? Czy nasze działania determinowane są przez naszą narodowość, rasę, przekonania religijne lub stereotypy dotyczące płci, czy też prowadzi nas uniwersalna mądrość oparta na rozumieniu i współodczuwaniu?

Chcemy, by nasze życie było znaczące i pełne radości, jednak nie zawsze wiemy, jak to osiągnąć. Każdy z nas nieustannie kształtuje swoje przekonania, przejmując je od innych albo tworząc samemu. Jednak czy są one prawdziwe i jak wpływają na nas, dowiadujemy się później, ponieważ gdy my kształtujemy swoje poglądy, one kształtują nasze życie. Jeżeli chcemy żyć świadomie, czyli tworzyć nasze życie świadomie, powinniśmy zrozumieć mechanizmy swojego działania, często podświadome, a następnie przeprogramować te przekonania, które nas powstrzymują i ograniczają. Wymiana ich na nowe, bardziej twórcze, pozwoli nam osiągnąć nowe poziomy zrozumienia siebie samych i życia wokół nas, a także poznać nowe wymiary współistnienia i współdziałania. Napisałam tę książkę właśnie po to, aby pomóc ci na tej drodze do głębokiego zrozumienia.

Jest to opowieść o osobistej podróży, którą rozpoczęłam jako racjonalnie myślący inżynier, aby dzięki odkrywaniu medytacji i duchowości, stać się w końcu świadomym twórcą swojego życia. Przeszłam wiele ścieżek: od katolicyzmu wieku dziecięcego do indyjskiego mistycyzmu czakr, od starożytnego chińskiego qigong do judaistycznej kabały. Studiując i weryfikując w praktyce różne systemy filozoficzne, stopniowo obserwowałam i uczyłam się, jak zmiana poglądów i przekonań bezpośrednio wpływa na moje życie. Żeby pogłębić swoją duchowość, musiałam wyzwolić się z ograniczających mój rozwój podświadomych przekonań, mimo że było to dla mnie czasami ogromnym wyzwaniem.

Wtedy po raz pierwszy doświadczyłam uczucia bezwarunkowej miłości, dzięki której samouzdrawianie staje się możliwe. Z tej przestrzeni pełnej miłości zaczęłam czerpać uniwersalną mądrość, która prowadząc mnie, dała mi dostęp do wiedzy pochodzącej spoza moich pięciu zmysłów, a dzięki temu przyniosła głębokie zrozumienie. To połączenie ze źródłem mądrości pozwala mi zarówno „widzieć” umiejscowienie i przyczynę ludzkiego bólu, jak też „wiedzieć”, w jaki sposób można się od niego uwolnić.

Osią struktury tej książki jest ewolucja moich poglądów. Dzięki temu, że coraz wyraźniej dostrzegałam związek między tym, co przydarza mi się na zewnątrz, a tym, co tworzy mój świat wewnętrzny, poznałam kolejne etapy rozwoju świadomości.

Część I przedstawia drogę przemiany, jaką przebyłam od inżyniera używającego lewej półkuli mózgu do osoby, którą jestem dzisiaj. Stopniowo ucząc się obserwować samą siebie, zaczęłam rozpoznawać przewodnictwo Wszechświata po moich życiowych lekcjach. Pokazuję tu, jak dzięki bezwarunkowej miłości mogę zmieniać swoje życie i życie ludzi wokół mnie.

Część II opisuje poziomy rozwoju świadomości i przedstawia, jak są one rozmieszczone w naszym ciele. Z dużą pomocą przyszła mi tu znajomość fizyki, a w szczególności analiza wzajemnego oddziaływania fal elektromagnetycznych. Założywszy, że myśli i poglądy na życie mają naturę falową, obserwowałam zachowania i interakcje międzyludzkie. Takie pojęcia jak wibracja, częstotliwość, rezonans czy analiza Fouriera umożliwiły mi opisanie spektrum świadomości w taki sam sposób, w jaki definiujemy spektrum fal elektromagnetycznych.

W części III opisuję moje nowe postrzeganie Trójcy Świętej, które znacząco zmieniło się w stosunku do tradycji katolickiej, w jakiej zostałam wychowana. Każdy z aspektów tego archetypu symbolizuje bowiem określone wartości, które manifestują się w życiu codziennym.

Ojciec to symbol początku procesu tworzenia. Z bezwarunkowej miłości i zrozumienia potrzeb rodzi się wizja i powstaje ziarno (DNA) tego, co tworzymy.

Matka, w religii katolickiej Duch Święty, to ochrona i wspieranie życia.

Syn, dziecko, to pasja do życia, doświadczania i czerpania wiedzy z tego, co przeżywamy.

Kiedy stajemy się uosobieniem tych wartości, wówczas łączymy się z Trójcą i zaczynamy być częścią jej mocy, czerpiąc z niej mądrość i energię do działania.

Część IV podsumowuje, jak każdy z nas może dostroić się do źródła uniwersalnej miłości, zaufać mu i poprosić o przewodnictwo, tak aby stać się Świadomym Twórcą własnego życia. Jest to opis terapii Isedo, którą rozwinęłam, aby towarzyszyć moim przyjaciołom w procesie osiągania przez nich siły i mocy na drodze ku pełni wolności.

Czytając tę książkę, napotkasz trzy rodzaje informacji: dotyczące świata zewnętrznego, świata wewnętrznego i nowych przekonań. Wszyscy mamy podobne doświadczenia życiowe, ale bardzo różnie je interpretujemy, a to, jakie wnioski decydujemy się z nich wyciągnąć, jest najistotniejszym czynnikiem, który określa, jak te doświadczenia ukształtują nasze życie.

Ikonki na początku danego fragmentu informują, czego będzie on dotyczył.

ŚWIAT ZEWNĘTRZNY

Mały symbol zegarka z boku oznacza, że w tej części znajdziesz historię z mojego życia, opowiedzianą z perspektywy czasu. Będą tam daty, miejsca, osoby i wydarzenia, które pozwoliły mi coś odkryć i czegoś się nauczyć. To historie z fizycznego, zewnętrznego świata.

ŚWIAT WEWNĘTRZNY

W historie z mojego życia wplecione są segmenty, które określam jako „świat wewnętrzny". Opisuję w nich najgłębsze przemyślenia i odczucia, jakie miałam, analizując swoje życiowe doświadczenia. Mówię ci, co się działo w moim świecie wewnętrznym, którego istotą jest energia myśli i przekonań. Każde z tych doświadczeń było przełomem wprowadzającym mnie na nowy poziom zrozumienia.

NOWE PRZEKONANIE

Następnie przedstawiam wyniki swoich przemyśleń, czyli wnioski, które starałam się sformułować, i pokazuję, jakie zmiany nastąpiły w moich przekonaniach, kiedy doświadczenie ze świata zewnętrznego poddałam wewnętrznej analizie.

W części III przedstawiam ćwiczenia, które pozwolą ci dotrzeć do mechanizmów świadomości i dostroić się do energii Wszechświata. To oczywiście tylko przykłady, które mogą ci pomóc w wejściu na ścieżkę zrozumienia samego siebie.

Konstrukcja tej książki odzwierciedla porządek ludzkiego życia – choć często nie jesteśmy świadomi tego porządku. Nieustannie podróżujemy pomiędzy zewnętrznym a wewnętrznym światem i w rezultacie pojawiają się nowe przekonania. Mam nadzieję, że lekcje z mojego życia pomogą ci odkrywać wiedzę i osiągać zrozumienie oraz pozwolą zaakceptować i pokochać samego siebie, tak żebyś mógł się poczuć świadomym twórcą własnego życia.

JAK UŻYWAĆ TEJ KSIĄŻKI?

Celem tej książki jest zainspirowanie cię i pobudzenie do zmiany. Każda część przedstawia zestaw przekonań, myśli, idei, pomysłów i częstotliwości, które mogą ci pomóc doświadczyć czegoś nowego i głębokiego i stworzyć własną nową prawdę. Te lekcje, które opisuję, pomogły mi pójść do przodu, ale twoje lekcje, poglądy, przekonania i odkrycia są wyjątkowe i właściwe tylko tobie. Pozwól im pojawić się w odpowiednim czasie.

Czytaj tę książkę powoli, po każdym rozdziale robiąc przerwę. Daj sobie czas na przemyślenie, pozwól sobie zobaczyć, jak to się odnosi do twojego życia, jakie wnioski się pojawiły, i spróbuj odkryć wewnętrzne przekonania, które decydowały o twoim życiu. Szukaj poznania, zrozumienia i miłości i obserwuj różne jej oblicza.

Część I

Pierwsze przebudzenie

WPROWADZENIE

Kiedy tylko podejmiesz decyzję, cały wszechświat stara się pomóc ci wprowadzić ją w życie.

Ralph Waldo Emerson

SIŁA, KTÓRA MOŻE PRZESUNĄĆ GÓRĘ

Ciągle bardzo żywo pamiętam ten moment, mimo że zdarzyło się to ponad trzydzieści lat temu. Był rok 1979, piękny, słoneczny, wiosenny dzień w Warszawie. Stałam w słońcu i cała byłam wypełniona pragnieniem poznania świata. Chciałam pomieszkać parę lat w jakimś innym miejscu, poznać ludzi i ich sposób na życie, a potem przenieść się dalej i dalej...

W czasach PRL-u dostanie paszportu było ogromnym problemem, a moja miesięczna pensja nie wystarczyłaby nawet na kupienie biletu lotniczego, ale moje pragnienie było tak silne, że czułam je w każdym atomie swojego ciała. Ta determinacja i wewnętrzna spójność stworzyły siłę, która spowodowała, że przez dwadzieścia następnych lat mieszkałam w ośmiu miastach w trzech krajach, przeprowadzając się co dwa lub trzy lata.

Nauczyłam się z tego doświadczenia, że pasja i spójność wewnętrznych intencji pozwalają osiągnąć rzeczy przerastające naszą wyobraźnię.

WPŁYW PODŚWIADOMOŚCI

Każdy z nas chce stworzyć piękne i szczęśliwe życie. Niektórzy wierzą, że jeśli będą pracować dostatecznie ciężko, mądrze i długo, to w końcu osiągną sukces. Inni uwierzyli, że wystarczy wizualizować sobie to, czego się chce, wyobrażać sobie, że już się to ma, a wtedy się to urzeczywistni. Jednak, jak zapewne każdy wie z własnego doświadczenia, realizacja naszych pragnień nie jest taka prosta.

Zwykle nie bierzemy pod uwagę tego, że nasze życie określają nie tylko nasze świadome myśli i czyny, ale także głęboko ukryte w nas postawy i przekonania. Wielu ludzi na przykład jest podświadomie przekonanych, że nie mogą mieć wspaniałego życia, ponieważ na to „nie zasługują". Albo że nigdy niczego nie robią poprawnie, albo są „niewystarczająco dobrzy". Takie przekonania zawsze będą niszczyć nawet najwytrwalszy świadomy wysiłek, który wkładamy w to, żeby żyć tak, jak sobie wymarzyliśmy.

Czy zastanawiałeś się, dlaczego życie jest tak pełne bólu? Gdziekolwiek spojrzeć, wszędzie widać chorobę, smutek, frustrację. Jaki to może mieć sens i cel? Czy możemy to jakoś wykorzystać, żeby świat stał się lepszy?

Jeśli porównasz siebie do komputera, to cały ten ból jest jak informacja na monitorze, że wystąpił błąd i mamy problem. Kiedy przytrzaśniesz sobie palec w drzwiach samochodu, ból natychmiast cię poinformuje, żeby czym prędzej je otworzyć. A co z bólem żałoby? Albo rozczarowania? Co z tym zrobić, jakie drzwi otworzyć, żeby pozbyć się bólu?

Przyczyną chronicznego bólu może być to, że nieustannie powielasz te same wzorce, na przykład w swoich związkach albo w pracy – ciągle tworząc sytuacje, w których czujesz się niedoceniany. Kiedy wreszcie zaczynasz rozumieć, że sprawa się zapętliła, bo wciąż cierpisz emocjonalnie lub fizycznie, należy znaleźć tego przyczynę. Tak jak programista dociera do przyczyny błędu, analizując kod źródłowy. Może on dzięki temu odkryć, dlaczego program nie robi tego, co powinien. Jeśli program powtarza w kółko ten sam błąd, programista dociera do źródła błędu i wymienia stary kod na nowy.

Podobnie ty musisz dotrzeć do swoich kodów i sprawdzić, jakie programy i w jakich obszarach nie funkcjonują poprawnie.

Na przykład, jeśli w młodości ktoś złamał ci serce, możesz nabrać przekonania, że wszystkie relacje prowadzą do takich bolesnych przeżyć, i prawdopodobnie pozostaniesz zamknięty na wszelkie przyszłe związki, nie doświadczając pełnej, bogatej relacji, której tak bardzo pragniesz. Musisz więc, jak programista, zmienić logikę, przepisać kod i sprawdzić, czy nowe kodowanie doprowadzi do pożądanego wyniku. Trzeba odnaleźć tkwiące w ciele przekonanie, które cię ogranicza, ale też zrozumieć, jak to przekonanie się pojawiło – jaka logika tym rządziła. Czy to przekonanie pracuje na moją korzyść? Czy ma ono bardziej uniwersalny charakter, czy też była to prawda odpowiednia w tamtym momencie, ale teraz jest już nieaktualna? Jeśli nie przynosi mi to niczego dobrego, może warto to przeprogramować, wyruszyć ponownie w rejon doświadczalny zwany życiem i przetestować nowy program. Może będzie lepszy niż ten poprzedni.

Łatwo to sprawdzisz – po prostu doświadczysz pożądanego rezultatu, odczuwając spokój i radość zamiast bólu porażki.

ROLA CIAŁA W BUDZENIU ŚWIADOMOŚCI

Na początku mojej drogi uwagę pochłaniał mi głównie zewnętrzny świat materii. Bardzo skupiałam się na pracy, na swoich związkach i na tysiącach bieżących spraw. Spędzałam całe godziny, zastanawiając się, jak powinnam zareagować na to, co mi się właśnie zdarzyło, a zaniedbywałam i pomijałam głębokie życie wewnętrzne, które toczyło się we mnie w tym samym czasie.

Pierwszym krokiem do zmiany było to, że zaczęłam dostrzegać i obserwować swoje odczucia wewnętrzne, ukryte pod poziomem świadomości i racjonalnego myślenia.

Życie wewnętrzne to przetwarzanie symboli i mechanizmów, których używamy i które nadają znaczenie wydarzeniom w świecie zewnętrznym. Dokonujemy zmian za każdym razem, kiedy zewnętrzny świat materii wkracza do naszego wnętrza. Przekształcamy doświadczenie materii i czasu w system myśli, przekonań, poglądów i wspomnień, kodując to wszystko w naszym ciele. Zauważyłam, że kluczem do przemian jest umiejętność obserwowania, na czym koncentrujemy uwagę i jakie budzi to w nas emocje.

Czasami taka sama fizyczna sytuacja wywołuje różne odczucia.

Wiele osób uważa, że emocje tylko komplikują życie. Ja nauczyłam się, że jest to bardzo istotny element poznania i że dzięki obserwacji swoich odczuć jestem w stanie ocenić prawdziwość danego poglądu. Być może teraz wydaje się to niełatwe do zrozumienia, ale po przeczytaniu tej książki stanie się to nie tylko jasne, ale także proste do zastosowania w twoim codziennym życiu.

Zrozumiałam, że potrzebujemy ciała, które doświadcza i czuje, dając nam informację zwrotną, czy jesteśmy na właściwej drodze, czy nie. Równocześnie potrzebujemy także wewnętrznego świata symboli, czyli zbioru znaczeń i określeń, umożliwiających interpretację doświadczeń. Potrzebujemy też świadomego umysłu, który jest jednocześnie autorem i tłumaczem informacji przepływających między światem zewnętrznym a wewnętrznym.

Gdy potrafimy zintegrować to, co zewnętrzne, z tym, co wewnętrzne, odkrywamy, że możemy używać umysłu, aby zmienić to, co nie działa za dobrze w naszym życiu. Możemy wreszcie stać się świadomymi twórcami własnego życia.

Wierzę, jak wielu ludzi, że dusza żyje poza ciałem fizycznym. Kiedy umieramy, dusza przechowuje w depozycie wszystko, co wnieśliśmy do naszego wewnętrznego świata symboli podczas całego żywota. Dlatego powinniśmy przez całe życie zadawać znaczące pytania i szukać na nie odpowiedzi oraz przyswajać sobie lekcje, które pozwolą nam stać się pełnymi miłości, współodczuwającymi, spójnymi i świadomymi ludźmi. Musimy też doprowadzić do końca sprawy niedokończone; odnaleźć ludzi, z którymi powinniśmy dojść do porozumienia, i stworzyć spójne poglądy na życie; uwolnić się od poczucia winy i wstydu; wyzbyć się iluzji i wszelkich nieprawdziwych przekonań. Wierzę, że dusza będzie powracała dopóty, dopóki wszystkie te sprawy nie zostaną rozwiązane i zakończone.

Jeśli więc już w tym świecie istniejemy, dajmy sobie szansę, by istnieć bardziej świadomie i prawdziwie, ucząc się lekcja po lekcji tego, co dusza musi przebyć w czasie całej swej podróży.

Ja sama nie doznałam nagłego oświecenia – były to raczej stopniowe przemiany, pozwalające mi wszystko lepiej zrozumieć. Mam nadzieję, że czytając moją historię, i ty dostrzeżesz nowe możliwości świadomego tworzenia swojego życia.

Rozdział 1

METODY POZNAWANIA

1950–1981, WARSZAWA, POLSKA

Nie możesz iść ścieżką, dopóki sam się nią nie staniesz.
Budda

WPŁYW MOJEGO OJCA

Mój ojciec uważał, że najważniejszym celem w życiu jest zdobywanie wiedzy. Wpajał mi to przekonanie od najmłodszych lat. Był pełnym pasji poznawczej utalentowanym i wykształconym nauczycielem matematyki i fizyki, więc uczył mnie naukowego podejścia do rozumienia świata i zjawisk przyrody w każdej minucie mojego życia. Spędzaliśmy masę czasu razem, a wszystkie zabawy, wszystkie opowiadania, gry i zagadki dobierał tak, by pokazać mi świat w świetle matematyki i fizyki. Kiedy poszłam do szkoły, moja wiedza w zakresie tych przedmiotów była na poziomie trzeciej klasy. Ojciec był ze mnie dumny, bo radziłam sobie dobrze i szybko przyswajałam wiedzę. Logika i matematyka były dla mnie świetną zabawą. Nigdy się ich nie bałam i nie sprawiały mi trudności. Dzięki jego naukom i zachętom miałam solidne podstawy w tej dziedzinie. Miałam potrzebę wyjaśniania wszystkiego, jak działa, czy da się to zmierzyć i racjonalnie wytłumaczyć. To wpłynęło w dużym stopniu na moje widzenie świata i późniejsze decyzje o dalszej edukacji i wyborze zawodu. Ojciec nauczył mnie też, że kiedy nawet straci się wszystkie dobra materialne, nikt nie zdoła odebrać ci tego, co masz w głowie.

Dzieciństwo spędziłam w Sochaczewie, małej, nieciekawej podwarszawskiej miejscowości, w drewnianym domu, w którym mieszkało pięć rodzin. Dom był stary, rozpadający się i za mały na tyle osób. Po wojnie nie było możliwości, żeby rodzina mogła mieć własny dom. Byłam kilkanaście lat młodsza od mojego rodzeństwa i chociaż miałam kochającą rodzinę, najczęściej musiałam się bawić sama, bo w sąsiedztwie nie było żadnych rówieśników. Sytuacja się zmieniła, gdy przeprowadziliśmy się do świeżo wybudowanych bloków, zamieszkanych głównie przez rodziny z dziećmi.

Mój ojciec, ja (na górze) i moja kuzynka, około 1955 roku.

Pewnego dnia bawiłam się z moją nową koleżanką aż do wieczora i wróciłam do domu późno, bardzo zmęczona. Mama dała mi kolację i położyła mnie do łóżka. Nie miałam siły rozmawiać z tatą, kiedy przyszedł powiedzieć mi dobranoc. Odłożyliśmy rozmowę na następny dzień.

Nad ranem mama gwałtownie mnie obudziła, wołając: „Aniu, wstawaj, tatuś umiera!". Mama wyszła przed dom, aby czekać na karetkę pogotowia, a ja stałam sama obok taty, nie wiedząc, co mam zrobić ani co powiedzieć. Kiedy przyjechała karetka, tata już nie żył.

To był dla mnie ogromny wstrząs. Uważałam, że jestem odpowiedzialna za to, że tata umarł; dlatego, że bawiłam się z koleżanką, zamiast być z nim, że nie rozmawiałam z nim wieczorem, że był sam. Wskutek tego szoku wymazałam z pamięci wszystko, co było związane z ojcem i musiało minąć 40 lat, zanim byłam zdolna powrócić do tego poranka i przeanalizować, co się wtedy stało.

Na szczęście wciąż miałam kochającą rodzinę: starszą o 18 lat siostrę i dwóch braci, starszych o 12 i 16 lat, którzy bardzo się mną opiekowali i dbali o moją naukę. Mając ścisłe umysły, jak tata, uczyli mnie fizyki kwantowej, zamiast opowiadać mi bajki na dobranoc.

Pielęgnowali moje zdolności matematyczne i uczyli mnie o wiele więcej niż szkoła. A gdy musiałam wybrać kierunek studiów, zdecydowałam, że najbardziej fascynująca jest elektronika. W 1972 roku zaczęłam studia na Politechnice Warszawskiej.

WIEDZA JEST W TOBIE

Na zajęciach z wiedzy o tranzystorach miałam pisać sprawdzian. Poprzedniego dnia leżałam w łóżku i zastanawiałam się nad tym, jak działa tranzystor. Wyobraziłam sobie, że weszłam w głąb tranzystora i patrzę od wewnątrz na to, co się tam w środku dzieje. Widziałam elektrony przeskakujące zaporę napięcia. Tylko te o wysokiej energii mogły ją przeskoczyć. Tak jak łososie płynące w górę rzeki – tylko najsilniejsze mogą pokonać przeszkody. Wtedy zrozumiałam, na jakiej zasadzie działa wzmacnianie sygnału. Małe zmiany w wysokości zapory powodują ogromne zmiany w liczbie elektronów, które mogą ją przeskoczyć. Zrozumiałam to poprzez stanie się jednym z nich. Następnego dnia opisałam swoją wizualizację, odpowiadając na pytanie w teście. Nauczyciel postawił mi pięć z plusem i powiedział: „Tak to właśnie jest, ale przecież ja was tak nie uczyłem". Dziś widzę, że ta lekcja pokazała mi po raz pierwszy kluczowy aspekt metody, którą teraz stosuję w uczeniu: kiedy stajemy się częścią tego, co chcemy poznać, wtedy nieoczekiwanie widzimy to z odmiennej, całkiem nowej perspektywy.

KRYZYS MIESZKANIOWY

W 1971 roku poznałam mojego przyszłego męża. Spotkaliśmy się na wycieczce do Zakopanego. Zakochaliśmy się i dwa lata później byliśmy małżeństwem. Zamieszkaliśmy w bardzo małym mieszkanku, składającym się z kuchni i małego pokoju, w przedwojennej warszawskiej kamiennicy przy ulicy Nowogrodzkiej. Nasza córka Marta urodziła się w roku 1975, a rok później spodziewaliśmy się drugiego dziecka. Byliśmy wtedy tak stłoczeni w tej małej przestrzeni, że nie miałam pojęcia, gdzie postawimy następne łóżeczko. Przydział mieszkań był w tamtych czasach ściśle reglamentowany i żeby dostać coś większego, musielibyśmy się wpisać na dłuuugą listę oczekujących – mając nadzieję, że za jakieś 15 lat coś nam przydzielą... Może to zagrały moje ciążowe hormony, a może odezwał się instynkt matki, żeby dać dzieciom czego im potrzeba, ale stanowczo wiedziałam, że muszę coś zrobić.

OD MYŚLI DO URZECZYWISTNIENIA

Postanowiłam zacząć od samej góry. Uzbrojona w silne pragnienie, upór i jasną wizję, jak ma wyglądać nasze nowe mieszkanie, poszłam do prezydenta miasta Warszawy, który raz w miesiącu przyjmował wizyty mieszkańców. W poprzedzającą noc leżałam w łóżku obezwładniona strachem i niepewnością, co właściwie mam mu powiedzieć i jak go przekonać, żeby nam pomógł. Zapytałam ducha mojego ojca, co mam robić, co mówić, jak argumentować. Nie dostałam żadnych odpowiedzi, ale poczułam się wzmocniona i spokojniejsza. Widocznie musiałam się wydać prezydentowi bardzo przekonująca – a może pomógł mój brzuch, bo byłam prawie w dziewiątym miesiącu ciąży – ponieważ z puli rezerwowej przydzielił nam mieszkanie w nowym bloku. Stres, jaki przeżyłam w związku z tym spotkaniem, spowodował, że następnego dnia pojechałam do szpitala i niewiele brakowało, a nasz syn Grześ urodziłby się o miesiąc za wcześnie. Trzy miesiące później mieliśmy nowe mieszkanie. Najbardziej zdumiewające było to, że wyglądało dokładnie tak jak w mojej wizji, którą miałam dzień przed spotkaniem z prezydentem. Nie mogę tego racjonalnie wytłumaczyć, ale tak się stało: mieliśmy upragnione mieszkanie, dokładnie spełniające nasze potrzeby... i dokładnie takie jakie widziałam w mojej wyobraźni.

DZIWNE UCZULENIA

We wczesnych latach siedemdziesiątych zauważałam u siebie coraz częściej objawy czegoś w rodzaju uczulenia, które trapiły mnie właściwie cały czas. Było to napadowe kichanie, kaszel, codzienne drapanie w gardle. Nie mogłam przypisać ich konkretnej chorobie, ale doprowadzały mnie do rozpaczy. Zauważyłam, że te objawy pojawiały się zwykle po około półgodzinie siedzenia w fotelu w dużym pokoju naszego mieszkania. Kiedy przesuwałam fotel w inne miejsce, objawy znikały też mniej więcej po takim samym czasie. Nie mogłam tego w żaden sposób logicznie ani naukowo wytłumaczyć. Mój racjonalny umysł nie mógł tego znieść. Nie miałam pojęcia, co z tym zrobić, a te objawy stały się częścią mojego codziennego życia. Cowieczorne kapanie z nosa i ogólnie złe samopoczucie ciągnęło się latami.

BŁAGANIE O POMOC

Pewnego wieczoru byłam tak wyczerpana i zdesperowana, że zdecydowałam się na rozmowę z Bogiem. Ja, ateistka, która odrzuciła swoje katolickie wychowanie, ściśle myślący inżynier, miałam już tak dosyć, że jeżeli Bóg gdzieś tam był, chciałam z Nim porozmawiać. Wołałam do Niego, gdziekolwiek był: „Powiedz mi, o co tu chodzi, bo już dłużej tego nie zniosę”.

I TAK ODKRYŁAM RÓŻDŻKARSTWO

No i życie się zmieniło... Nie pamiętam gdzie i jak, ale kilka dni później natknęłam się na książkę o radiestezji, która stała się dla mnie punktem zwrotnym. Mała książka w twardej oprawie wyjaśniała szczegółowo, jak zrobić metalowe różdżki, jak znaleźć pod ziemią wodę i jak w tym miejscu zbudować studnię.

Różdżki były to po prostu dwa kawałki metalowego pręta w kształcie litery L. Zaraz zrobiłam je sobie z grubego miedzianego kabla. Trzymając druty tak, jak zalecała książka, chodziłam po mieszkaniu z pokoju do pokoju. Ku mojemu ogromnemu zdziwieniu, różdżki krzyżowały się w tych miejscach, gdzie dokuczała mi alergia. Najdotkliwsze objawy miałam tam, gdzie reakcja różdżek była najsilniejsza. Nie wiedziałam, co właściwie się w tych miejscach znajduje, ale w końcu był to fizyczny przejaw czegoś, co tak długo dawało mi w kość. Mój racjonalny umysł był usatysfakcjonowany! Nareszcie mogłam to „zmierzyć"!!!!

Oczywiście natychmiast przeszłam z różdżkami przez mieszkania wszystkich moich znajomych, zwracając uwagę szczególnie na te miejsca, w których spędzali wiele czasu. Okazało się, że nie tylko ja reaguję na te podziemne energie. Inni też mieli jakieś bóle czy dolegliwości, gdy różdżki krzyżowały się na przykład nad ich łóżkiem. Jedyną różnicą było to, że mnie zajmowało pół godziny, aby na to zareagować, a innym czasami tygodnie, miesiące lub lata.

Od tej pory, niczym średniowieczna wiedźma, miałam różdżki zawsze przy sobie. Gdy już przenieśliśmy się do w Anglii, zabierałam je też do pracy, żeby na każdym zebraniu znaleźć sobie po cichu odpowiednie miejsce i nie przeszkadzać moim kichaniem i kaszlem.

NIEOCZEKIWANY POŻYTEK Z MOJEJ ALERGII

Różdżka pomogła mi odkryć, że cierpiałam na uczulenia nie z powodu czegoś, co miało przyczynę w moim ciele, ale raczej z powodu reakcji mojego ciała na coś zewnętrznego. Potem przez wiele lat szukałam wiadomości na ten temat i okazało się, że to płynąca pod ziemią woda emitowała niezdrowe promieniowanie. Był to pierwszy przypadek, kiedy na własnej skórze, a raczej we własnym ciele, odczułam tak dotkliwie wpływ zewnętrznego promieniowania. Moja alergia i jej powody zapoczątkowały proces długoletnich badań i analiz.

UZALEŻNIENIE OD ENERGII CIEKÓW WODNYCH

Zauważyłam, że coś dziwnie przyciąga mnie do miejsc o najsilniejszej energii, mimo że przyczyniały się do tak przykrych dolegliwości. Jeżeli byłam w sali konferencyjnej i miałam wybrać dla siebie krzesło, to podświadomie wybierałam miejsce o najsilniejszym promieniowaniu cieków wodnych. Ciągnęło mnie tam jak ćmę do światła. Musiałam uważać na to moje uzależnienie i nie ulegać impulsowi. Ale sprawa była jeszcze bardziej skomplikowana, niż mi się zdawało.

Kilka lat później, w 1986 roku, wyjechałam w podróż służbową do Los Angeles w Kalifornii. W czasie weekendu kolega z pracy zabrał mnie swoim motocyklem na wycieczkę w pustynne góry na wschód od miasta. Jechaliśmy na przełaj piaszczystą boczną drogą. Czułam się jak w westernie. Za nami unosiła się wielka chmura pyłu. Poczułam pragnienie i poprosiłam, byśmy się zatrzymali, bo chcę się napić wody. Zapytał, gdzie ma stanąć, więc wskazałam miejsce. Usiedliśmy i ku mojemu zdziwieniu, po kilkunastu minutach poczułam standardowe objawy uczulenia. Jak to możliwe, myślałam, przecież jesteśmy na pustyni?

Jak zwykle miałam ze sobą różdżki. No i oczywiście potwierdziły, że znowu wybrałam miejsce najsilniejszej energii wód podskórnych. Jak mogłam o tym wiedzieć, dokonując wyboru z tak dużej odległości, a w dodatku jadąc na motorze? Na samą myśl o tym ciarki przeszły mi po plecach. To było zupełnie niewyobrażalne i przerażające.

UWOLNIENIE SIĘ OD MOCY WODY

Wyglądało na to, że podświadomość kierowała mnie w złe miejsca. Z nawyku albo z powodu uzależnienia ciągnęło mnie tam, gdzie moje samopoczucie było gorsze. Ale równocześnie zauważyłam, że oprócz miejsc, które powodują u mnie alergię, znajduję też takie, gdzie wyraźnie czuję się spokojniejsza, pełna życia i radości. Tak czułam się na przykład, przebywając w Yosemite Valley albo siedząc w cieniu pięknego drzewa lub na tarasie mojego domu. Doszłam do wniosku, że przyszedł czas, żeby skoncentrować się na szukaniu dobrych, uzdrawiających miejsc. Musiałam się przeprogramować, nauczyć swój mózg i ciało dokonywania lepszych wyborów.

Na początek postanowiłam odrzucić pociąg do zwodniczej energii wód podskórnych.

Czułam ich przyciąganie i byłam podekscytowana ich siłą, ale czułam również, że one odbierają mi moją własną moc, powstrzymują mnie przed odkryciem moich wewnętrznych możliwości. Mimo że przez parę następnych lat kilkakrotnie zdarzało mi się wpaść znowu w tę pułapkę, ostatecznie zrozumiałam, że nie mogę czerpać siły ze źródeł zewnętrznych, że moja moc musi pochodzić ze środka. Od tego czasu starałam się być wierna temu postanowieniu. Świadomie wiele razy powtarzałam sobie: „Nie będę ulegać przyciąganiu siły wody", aż pozbyłam się tego uzależnienia. To było moje pierwsze przeprogramowanie, które z powodzeniem zrealizowałam.

Kiedy w 2000 roku przeprowadzałam się w okolice Grass Valley w Kalifornii, starannie wybierałam dom, żeby nie znajdował się na podskórnych zasobach wody. Dom był zbudowany na zboczu wzgórza, wśród drzew mieszanych, i z czterech stron rosły cztery ogromne dęby. Cała okolica ma bardzo pozytywną, wzmacniającą i przyjemną energię.

PODRÓŻE DO ANGLII

Podczas gdy zwykle małe dziewczynki marzą o tym, żeby zostać aktorkami, ja marzyłam, żeby zostać dyrektorem dużego przedsiębiorstwa. Możliwe, że nie czułam się wystarczająco atrakcyjna i dlatego przeniosłam swoje ambicje na niwę naukową. Może też wpłynęła na mnie moja rodzina naukowców. Skończyłam studia i zaczęłam się rozglądać za pracą elektronika. Podczas studiów pracowałam w Instytucie Maszyn Cyfrowych w Warszawie i tam pierwszy raz poznałam mikroprocesory i inne układy scalone produkowane przez firmy Motorola i Texas Instruments. Czytałam schematy urządzeń elektronicznych, wiedziałam, z jakich części się składają i jak działa logika całego systemu. Koleżanka moich przyjaciół zatrudniła się w polskiej filii firmy Xerox. Zaraziła mnie swoimi planami wielkich podróży pod skrzydłami Xeroksa. Wyglądało to obiecująco i ja też bardzo chciałam dostać taką pracę. Niestety, główna siedziba znajdowała się w Londynie, więc znajomość angielskiego w mowie i piśmie była konieczna. Był zatem jeden problem: musiałam się szybko nauczyć angielskiego!

Uczenie się języka z książki było nieefektywne, dlatego zaczęłam jeździć do Anglii na dwa, trzy miesiące i tam się doszkalać. Nie miałam pozwolenia na pracę, więc z dyplomem inżyniera pracowałam na czarno, najpierw jako sprzątaczka, a potem jako krawcowa. Za trzecim razem pojechałam razem z mężem i z dziećmi. Był koniec listopada 1981 roku. Ta podróż była inna niż poprzednie: 13 grudnia 1981 roku w Polsce wprowadzono stan wojenny. Granice zamknięto, a my zostaliśmy w Anglii, jako polityczni uciekinierzy. Ale przynajmniej byliśmy wszyscy razem.

Nie mogliśmy wrócić, więc trzeba było zacząć budować życie w Anglii od podstaw. W ten dramatyczny sposób spełniło się moje marzenie i stanęłam przed nowymi wyzwaniami.

CZEGO SIĘ NAUCZYŁAM?

Żeby umożliwić zmianę, muszę w mojej świadomości przygotować miejsce na coś nowego. Najlepszą metodą jest przyznanie się, że nie wiem wystarczająco dużo, jestem bezsilna i proszę o pomoc. Gdybym pozostała uwięziona w swoich przesądach i obawach, nie odważyłabym się na rozmowę z prezydentem Warszawy, a już zupełnie nie wiedziałabym, jakich użyć argumentów, żeby przydzielił nam mieszkanie. Nie wiem, jak wytłumaczyć to, że wyobraziłam sobie nasze przyszłe mieszkanie albo że użyłam dwóch metalowych drutów, by odkryć przyczynę moich alergii. W konstrukcji mojej świadomości, opierającej się na logicznym, inżynierskim, racjonalnym myśleniu, pojawiły się poważne rysy na fundamentach. Nie to, czego mnie uczono, ale moje doświadczenie i otwartość zmieniły moje przekonania i pozwoliły mi poprawić jakość własnego życia oraz życia moich bliskich i przyjaciół.

Patrząc wstecz, myślę, że dotąd byłam jak komputer pracujący poza siecią. Moja pierwsza rozmowa z Bogiem to było tak, jak gdybym po raz pierwszy podłączyła się do Internetu i mogła zobaczyć tę ogromną sieć wiedzy, która może dostarczyć mi odpowiedzi na różne moje pytania.

NOWE PRZEKONANIA

- *Żeby jakakolwiek idea mogła się urzeczywistnić, muszę osiągnąć jedność wewnętrzną. Ta jedność oraz pasja i intencja tworzą moc, która pozwoli mi dokonać wszystkiego, nawet jeśli wydaje się to niemożliwe.*
- *Jeśli poproszę o pomoc, odpowiedzi na pewno przyjdą. To źródło – czy nazwiemy je Wyższą Inteligencją, Uniwersalną Wiedzą, Jednością, czy Bogiem – jest dla mnie dostępne, jeśli jestem wystarczająco otwarta, żeby usłyszeć. Odpowiedzi pojawiają się nie jako słowa, ale raczej jako odczucie, wiedza, zrozumienie, odkrycie albo objawienie. Jeśli działam zgodnie z tą wiedzą, wydarzenia same się ułożą, pojawiając się w odpowiednim czasie i porządku.*
- *Mogę świadomie przeprogramować swoje nieuświadomione skłonności, tak jak przeprogramowałam niezdrowe przyciąganie do miejsc, w których woda podskórna wywołuje moje uczulenia, i dzięki temu umożliwić na przykład samoleczenie mojego ciała.*
- *Wiedza pochodzi nie tylko z książek. Poprzez świadomą obserwację i zrozumienie stanu rzeczy, poprzez wprowadzenie własnej świadomości w dany przedmiot, mogę zdobyć wiedzę niedostępną w książkach. Z tej perspektywy mogę nauczyć się więcej o strukturze zjawiska i dostrzec wewnętrzne prawa natury.*

WEŹ GŁĘBSZY ODDECH, TERAZ CHWILA DLA CIEBIE

- Czy miałeś w życiu chwile, kiedy twoje ciało, umysł i dusza całkowicie zgadzały się, w jakim kierunku chcesz iść i co chcesz osiągnąć?
- Czy doświadczyłeś nieoczekiwanego przebłysku wiedzy, kiedy niespodziewanie zdarzenia właściwie same zaczęły się dobrze układać? Jaki stan umysłu bezpośrednio to poprzedzał?
- Czy miałeś taki moment desperacji, że wołałeś o pomoc „kogoś z góry"? Co zdarzyło się jako rezultat twojej prośby?

Rozdział 2

ŚWIAT FAL ELEKTROMAGNETYCZNYCH

1983–1985, ANGLIA

Fizyka kwantowa twierdzi, że nie ma pustej przestrzeni w komórkach ludzkiego ciała, ale jest pulsujące pole elektromagnetyczne pełne potencjału i możliwości.

Deepak Chopra

ZACZYNAJĄC WSZYSTKO OD POCZĄTKU

Polska zamknęła granice, a my nie mogliśmy znaleźć w Londynie żadnego mieszkania do wynajęcia. W tym czasie w Anglii obowiązywało prawo zakazujące wyrzucania na bruk lokatorów, jeśli były to rodziny z dziećmi. W związku z tym, gdy tylko mówiliśmy, że mamy dwoje dzieci, natychmiast okazywało się, że nie ma już nic do wynajęcia. Zamieszkaliśmy więc u przyjaciółki w jej pokoju gościnnym wielkości 10 metrów kwadratowych. W czwórkę było nam okropnie ciasno, ale nie mieliśmy innego wyjścia.

Niestety, po paru miesiącach nasza przyjaciółka zdecydowała się na rozwód i musiała sprzedać dom.

Bardzo nas to wytrąciło z równowagi. Zastanawialiśmy, co teraz mamy ze sobą zrobić. Nasz znajomy, który był sprzedawcą nieruchomości, poradził nam, żebyśmy kupili dom. Ta możliwość nigdy by nam nie przyszła do głowy, bo nie mieliśmy prawa stałego pobytu w Wielkiej Brytanii. Ale on powiedział, że nikt nas o to nie będzie pytał, wystarczy, żebyśmy mieli pracę i konto w banku.

Mój mąż znał angielski i pracował już wtedy na pełnym etacie jako elektronik, ale ja miałam tylko tymczasową pracę jako krawcowa. Następnego dnia po tej rozmowie o kupnie domu, zaczęłam chodzić od jednej agencji zatrudnienia do drugiej, żeby znaleźć jakieś stałe zajęcie. Nie mówiłam dobrze po angielsku, ale mogłam projektować albo naprawiać urządzenia elektroniczne, używając uniwersalnego języka obwodów scalonych na płytce. Po tygodniu udało mi się dostać na pierwsze spotkanie w sprawie pracy. Była to firma BBC Brown Boveri produkująca na potrzeby elektrowni kontrolery turbin sterowane przez mikroprocesory. Dali mi test sprawdzający moje zdolności do czytania płytek schematów i rozwiązywania prostych problemów elektrycznych, to zaś nie wymagało znajomości angielskiego. Zdałam test na 100 procent, bo był na poziomie umiejętności technika, bardzo łatwy dla inżyniera. Problem zaczął się wtedy, gdy mój przyszły szef chciał ze mną porozmawiać. Pod wpływem stresu i przy słabej znajomości angielskiego nie miałam mu wiele do powiedzenia. Zrozumiałam jednak tyle, że nikt do tej pory nie zaliczył tego testu. Stanęło na tym, że zostałam próbnie zatrudniona na tydzień. Pokazali mi rzędy półek z niedziałającymi płytkami, dali schematy i oscyloskop i powiedzieli: „No to udowodnij, co potrafisz". Po tygodniu dostałam pracę na stałe.

Znaleźliśmy dom i złożyliśmy podanie o kredyt. Ku naszemu zdumieniu nikt nie zapytał, czy mamy obywatelstwo brytyjskie lub prawo pobytu w Anglii. Mieliśmy pracę i dostaliśmy pożyczkę z banku. Musieliśmy też wziąć trzy inne pożyczki, żeby wpłacić zaliczkę i pokryć inne koszty kupna. Dom był w strasznym stanie, najtańszy w okolicy – został wybudowany pod koniec dziewiętnastego stulecia i nigdy go nie remontowano. Jedynym źródłem ogrzewania były ledwo działające kominki. Spłata kredytu pochłaniała dwie trzecie naszych wspólnych dochodów, ale mieliśmy dach nad głową.

PROJEKT SKANERA MAGNETYCZNO-REZONANSOWEGO (MRI)

Po półtora roku spędzonym w Anglii mogłam już rozumieć, o czym mówią moi współpracownicy. Praca technika zaczęła mnie nudzić, więc postanowiłam szukać nowej pracy. Dostałam zaproszenie na rozmowę kwalifikacyjną w firmie budującej prototyp skanera medycznego, opartego na zjawisku rezonansu magnetycznego. Mój angielski wciąż nie był za dobry, ale tym razem mój przyszły szef i ja mogliśmy się porozumiewać za pomocą języka matematyki i elektroniki. Prawie przez dwie godziny rysowaliśmy schematy i używaliśmy terminologii analizy Fouriera. Wstępna rozmowa przebiegła pomyślnie i dostałam tę pracę.

Problematyka rezonansu magnetycznego całkowicie mnie zafascynowała. Technologia ta wykorzystuje właściwości jąder atomów, które w silnym polu magnetycznym wpadają w rezonans z zewnętrznym impulsem elektromagnetycznym o ściśle określonej częstotliwości. Kiedy zewnętrzne pobudzenie ustaje, jądro atomu powraca do swojego oryginalnego stanu i wysyła sygnał o własnej częstotliwości, charakterystycznej dla danego atomu. Na przykład atom wodoru wysyła jedną częstotliwość, a atom węgla inną. W procesie skanowania wysyła się bardzo wąską wiązkę promieniowania elektromagnetycznego celującą w niewielki fragment ciała, który chcemy zobaczyć. MRI polega na pobudzaniu do rezonansu – obrazowaniu tego samego wycinka ciała, pod różnymi kątami (co jeden stopień). Potem z tych wielu sygnałów buduje się mapę położenia atomów wodoru w tym fragmencie ciała. Ponieważ zawartość wody (H_2O) zmienia się w zależności od rodzaju tkanki, można obserwować wewnętrzną budowę ciała i zawarte tam narządy i ich choroby. Na przykład tkanki rakowe mają bardzo dużą zawartość wodoru, w związku z tym są bardzo jasne na ekranie MRI. Pozwala to zobaczyć kształt i rozmiar nowotworu, jak również określić, czy rozwinął się w osobną postać guza, czy też jest wrośnięty w inne narządy.

UWAGA

Ta część rozdziału opisuje, jak tworzyłam model działania świadomości oparty na pojęciach, które znałam z fizyki. Jeżeli fizyka wydaje ci się zbyt skomplikowana, możesz pominąć tę część i przejść bezpośrednio do streszczenia tego rozdziału i dalej do rozdziału 3.

Sygnał generowany przez nasze ciało i odbierany przez MRI jest bardzo złożony, ponieważ zawiera częstotliwości wysyłane przez wiele różnych atomów, jak tlen, azot, wapno, węgiel, magnez, potas i tak dalej. Żeby oddzielić sygnał pochodzący z wodoru, stosuje się metodę przetwarzania sygnału, zwaną analizą Fouriera. Metoda ta pozwala na określanie składowych sygnału i odizolowanie części wysyłanej przez wodór od sygnałów z wszystkich innych atomów. Wybieramy wodór, ponieważ jest go w naszym ciele najwięcej i znajduje się w mniejszej lub większej ilości w każdej komórce ciała.

Na przykład analiza Fouriera pomoże nam określić, że sygnał pokazany na rysunku 4. jest sumą sygnałów z rysunków 2. i 3. Sygnały te, wykreślone w funkcji czasu, mogą być również reprezentowane w funkcji częstotliwości, jak widać na rysunku 5. Ta technika może być stosowana do dużo bardziej skomplikowanych sygnałów, które zawierają znacznie większą liczbę sygnałów składowych.

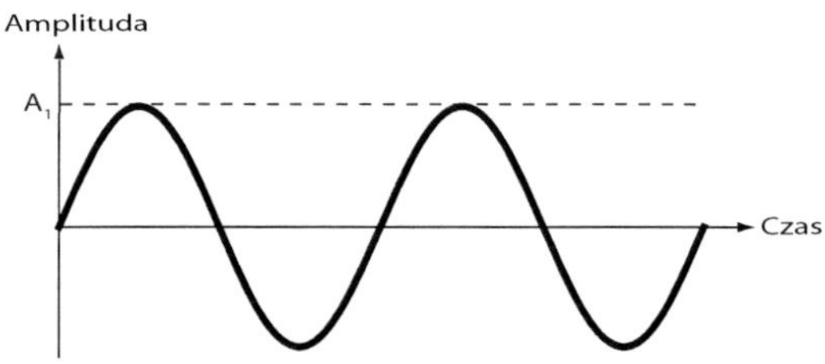

Rys. 2. Wykres fali o częstotliwości f_1 i amplitudzie A_1 w funkcji czasu.

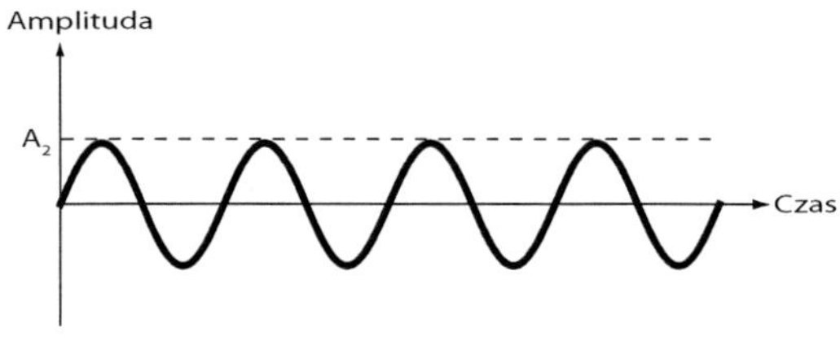

Rys. 3. Wykres fali o częstotliwości f_2 i amplitudzie A_2 w funkcji czasu.

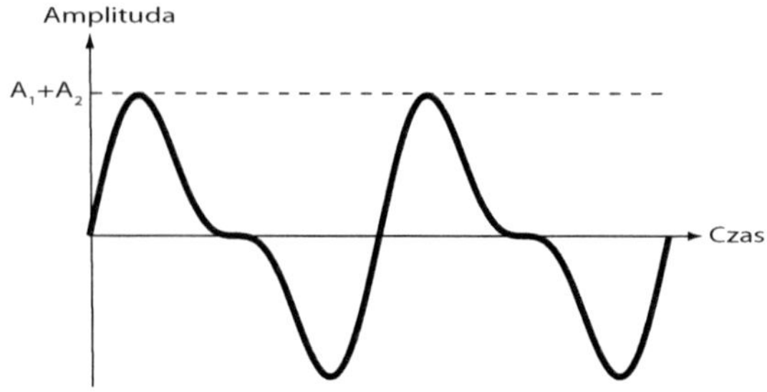

Rys. 4. Suma fal 1 i 2 w funckji czasu.

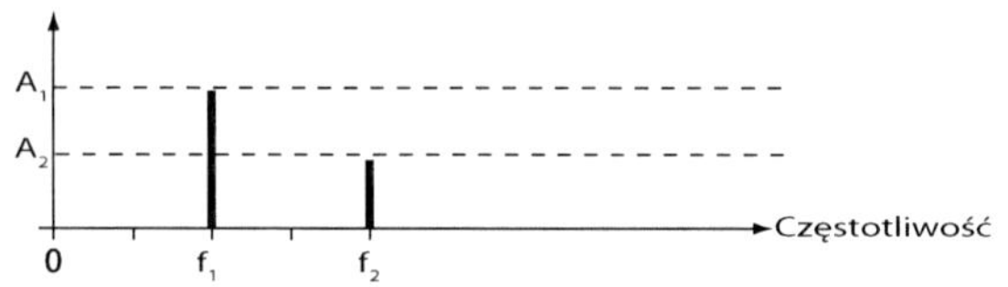

Rys. 5. Sygnał z rysunku 4. poddany analizie Fouriera pokazuje amplitudy fal w funkcji częstotliwości.

Rysunek 4. pokazuje sygnał z punktu widzenia czasu, a rysunek 5. ten sam sygnał z punktu widzenia częstotliwości. Pokazany tu sygnał ma tylko dwie składowe. W rzeczywistości sygnał MRI ma ich bardzo wiele i wygląda jak duży bałagan (szum), gdy oglądamy go na oscyloskopie z punktu widzenia czasu. Jeżeli ten sygnał poddamy analizie Fouriera, staje się on czysty i logiczny, pokazując amplitudy sygnałów wysyłanych przez poszczególne rodzaje atomów.

Podczas pracy nad prototypem MRI bardzo często służyłam za obiekt do testowania systemu. Wielokrotnie skanowałam swój mózg. Ta część mojego ciała synchronizowała się z maszyną i wysyłała własny sygnał. Atomy wewnątrz mojego mózgu rezonowały z zewnętrzną częstotliwością i wysyłały swoją odpowiedź. Na oscyloskopie mogłam widzieć sygnał wysłany przez mój mózg, który na ekranie MRI wyglądał jak dziwnie świecący kalafior. Byłam zafascynowana tą częścią mojego ciała, w której to rzekomo odbywało się całe logiczne myślenie, a która składała się w większości z wody. Rodziło się więc pytanie: jak to się działo, że ta „woda" skonstruowała urządzenie, żeby siebie zobaczyć? Gdzie jest umieszczona świadomość?

Praca nad MRI była bardzo trudnym orzechem do zgryzienia dla ówczesnego status quo moich poglądów na życie.

MYŚLI JAKO WIBRACJE

Przez wiele lat analiza Fouriera była częścią moich studiów, a później mojej codziennej pracy. Naliczyłam się tych całek do upojenia, a nigdy nie przypuszczałam, że to może mieć głębsze filozoficzne znaczenie. Aż nagle któregoś dnia przyszło mi na myśl: jeżeli nasze myśli, poglądy i pamięć wydarzeń mają naturę falową, co by było, gdybym zastosowała analizę Fouriera do zrozumienia struktury świadomości? Jeżeli przyjmę założenie, że nasze życie z punktu widzenia czasu jest taką bardzo skomplikowaną falą, to z punktu widzenia częstotliwości, czyli poglądów, powinnam zobaczyć, jakie poglądy składają się na tę linię życia. Jakie będzie spektrum częstotliwości poglądów i jak mogłabym to zmierzyć? Od tego momentu zaczęłam obserwować, jak zmiany w poglądach wpływają na nasze zmiany życiowe. Rysunki 6–9 pokazują, jak analiza Fouriera może być zastosowana do poznania składowych poglądów naszego życia.

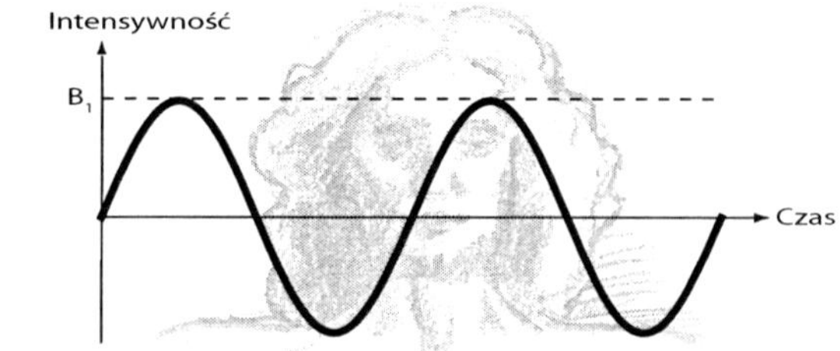

Rys. 6. Fala B_1 o amplitudzie B_1 reprezentuje pogląd: „Muszę się poświęcić, aby zarobić na życie".

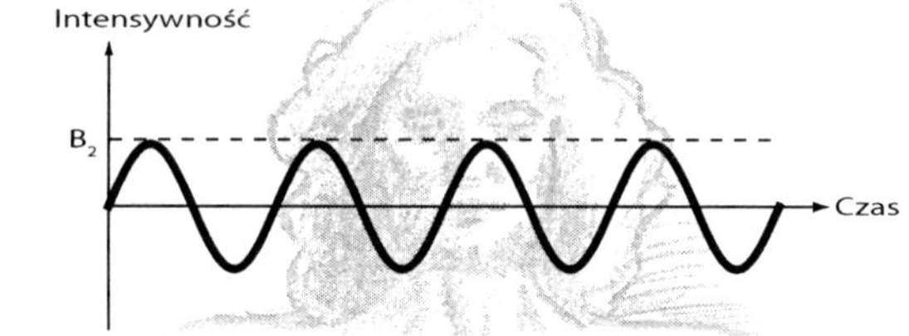

Rys. 7. Fala B_2 o amplitudzie B_2 reprezentuje pogląd: „Tylko to, co jest naukowo udowodnione, jest prawdziwe".

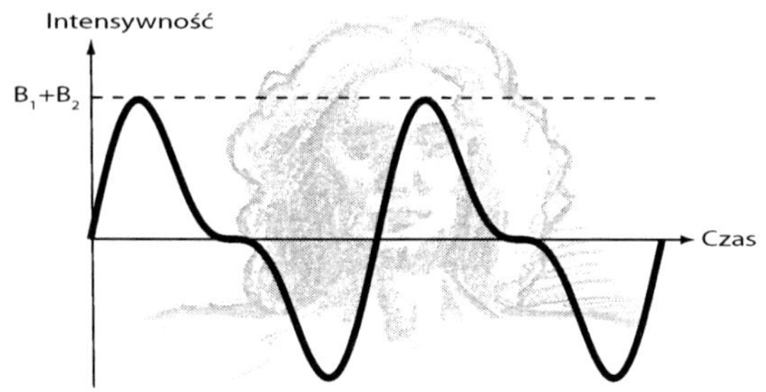

Rys. 8. Fala B_1 i B_2 reprezentuje połączenie poglądów B_1 i B_2.

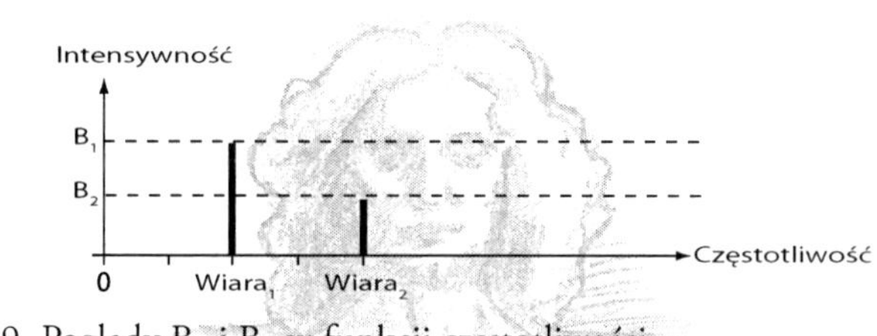

Rys. 9. Poglądy B_1 i B_2 w funkcji częstotliwości.

Oznaczałoby to, że transformacja Fouriera, która pozwalała zobaczyć na ekranie MRI wnętrze naszego ciała jako zestaw wibracji, może również być użyta do reprezentowania naszej świadomości. Możemy w ten sposób zrozumieć, jak suma naszych poglądów stworzy bardzo skomplikowany sygnał zwany życiem. Obserwowałam więc, jak nasze poglądy układają się w spektrum świadomości.

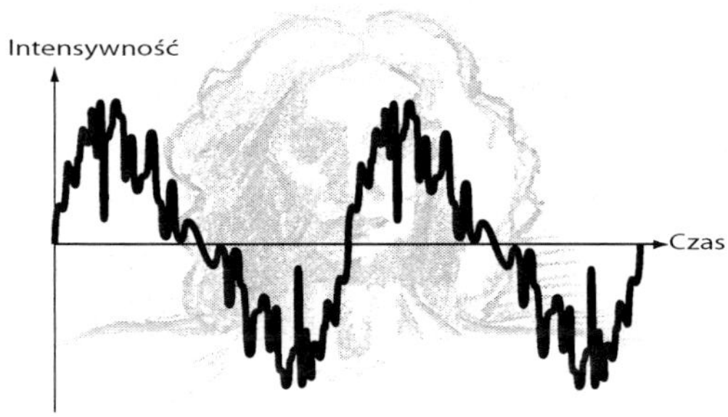

Rys. 10. Tak wyglądałaby połączona wibracja kilku poglądów w funkcji czasu.

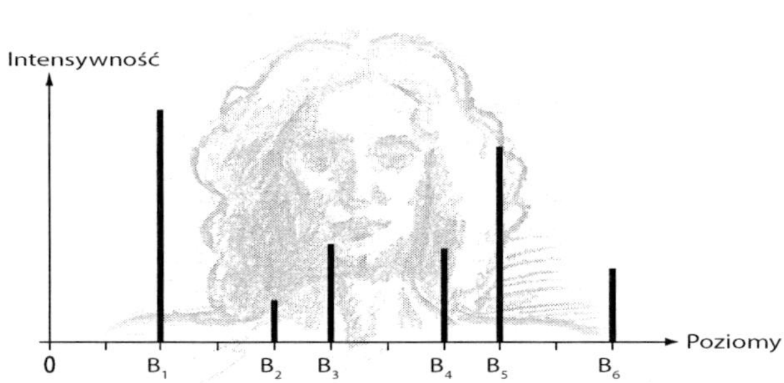

Rys. 11. Te same poglądy po analizie Fouriera w funkcji częstotliwości, czyli poziomów świadomości.

Mając to na uwadze, zaczęłam od obserwowania myśli i przekonań, które zaważyły najmocniej na moim życiu. Mogłabym je przedstawić tak, jak pokazuje wykres 10. Starałam się znaleźć sposób na identyfikację tych przekonań i zmienić je tak, żeby zmieniło się moje życie. Patrzyłam, jak zmiany przekonań tworzą nowe sytuacje życiowe. Przypuszczałam, że używając tego modelu, mogę rozpoznać najważniejsze czynniki, które zadecydowały o tym, że moje życie było tak pełne wyzwań. Nie wpadłam jednak na to, że te poszukiwania rozciągną się na następne 20 lat, aż do dzisiaj...

Spektrum to zawiera nieskończenie wiele poglądów, poczynając od najprostszych, takich jak: „Muszę bardzo ciężko pracować, żeby cokolwiek osiągnąć", aż do bardzo głębokich przekonań, na przykład: „Wszyscy tworzymy jedność". Tak jak analiza Fouriera pozwala nam patrzeć na sygnał z perspektywy czasu i perspektywy wibracji, również w życiu możemy obserwować, co się nam przydarza i jakie są główne poglądy, które tworzą określony kształt naszego życia.

Tak powstała ta książka. Każdy rozdział przedstawia pewne historie z mojego życia i poglądy, które w tym czasie zmieniłam.

Kilka lat później przeczytałam publikację neurochirurga Karla Pribrama, w której opisuje on podobny proces w odniesieniu do naszej percepcji. Wyjaśnia tam działanie mechanizmu ludzkiego oka, za pomocą którego przekształcamy materialny świat zewnętrzny, podlegający przemianom wraz z upływem czasu, w nasz wewnętrzny świat symboli i wibracji.

PODSUMOWANIE

- Teoria rezonansu magnetycznego pokazała mi, że ciało nie jest tak solidne i nieprzenikalne, jak myślałam. Skóra nie stanowi żadnej bariery oddzielającej od świata zewnętrznego. W istocie było całkiem inaczej: sygnały elektromagnetyczne (wibracje) pochodzące z zewnątrz przenikały do wnętrza mojego ciała, a ono z kolei emitowało odpowiedź na zewnątrz. Podczas skanowania moje ciało wpadało w rezonans z sygnałem płynącym z urządzenia i potem wysyłało informację zwrotną. Moja współzależność ze światem zewnętrznym podlegała prawom fizycznym, jakich nawet sobie nie wyobrażałam.
- Tym, co mnie zupełnie zaskoczyło, była reakcja mojego ciała na oddziaływanie z zewnątrz. W odpowiedzi na sygnał o jednej częstotliwości moje ciało reagowało pełną gamą częstotliwości, zależnie od struktury chemicznej. Tak jakby chciało pokazać swoją tożsamość zaistniałą w tym momencie.
- Życie widziane z perspektywy czasu wydaje się bardzo skomplikowane i przypadkowe. Ale jeśli za punkt odniesienia przyjmiemy wibracje poglądów naszej świadomości, wszystko staje się jasne. To wibracje naszych przekonań i poglądów nieustannie kształtują przebieg naszego życia.
- Kluczem do zrozumienia biegu życia jest ścisłe połączenie rzeczywistości zewnętrznej z wewnętrzną, tworzone przez świadomość składającą się z poszczególnych częstotliwości właściwych każdemu przekonaniu. Myśli, przekonania i wspomnienia, przechowywane jako wibracje w ciele, są w stanie oddziaływać zwrotnie na świat zewnętrzny i z czasem tworzyć fizyczne manifestacje.

NOWE PRZEKONANIA

- *Granice naszego ciała są złudzeniem. Nie mamy granic – wibracje z zewnątrz swobodnie przenikają do wewnątrz... Skóra w tym nie przeszkadza! Nasze ciało również wysyła sygnały na zewnątrz.*
- *Jeżeli myśli to wibracje, to analiza Fouriera może posłużyć do ich badania.*
- *Sytuacja, która wydaje się niezrozumiała i nieuzasadniona, staje się łatwa do wyjaśnienia, kiedy popatrzymy na wibrację poglądów, które ją stworzyły.*
- *Przekonania mają naturę falową i nadają życiu kształt. Zmieniając przekonania, mogę zmienić moje życie.*

WEŹ GŁĘBSZY ODDECH, TERAZ CHWILA DLA CIEBIE

- Jakie najważniejsze przekonania kształtują twoje życie? Czy pomagają ci iść naprzód, czy cię powstrzymują?
- Czy zauważyłeś, że z biegiem lat powtarzasz pewne sytuacje albo zachowania?
- Patrząc z perspektywy czasu, czy możesz powiedzieć, że kiedyś zmieniłeś jakieś swoje przekonanie i przyniosło to zmianę w twoim życiu?

Rozdział 3

POSZUKUJĄC ODPOWIEDZI

1985–1993, PIERWSZE KROKI KU DUCHOWOŚCI

Bóg szepcze poprzez twoje przyjemności, ale krzyczy poprzez twój ból.

C.S. Lewis

COŚ SIĘ MUSI ZMIENIĆ

Był rok 1985. Minęły cztery lata ciągłego remontu w naszym pierwszym domu w Londynie i codziennej walki z finansami. Praca z MRI była fascynująca, ale pensja raczej mizerna, zaczęłam więc szukać możliwości lepszych zarobków. Ku memu zdziwieniu dostałam je w firmie Xerox! Biuro znajdowało się 40 mil na północ od Londynu, dlatego trzeba się było rozejrzeć za nowym domem. Znaleźliśmy następny „projekt" do remontu w małej miejscowości Letchworth i mieliśmy nadzieję na spokojne małomiasteczkowe życie. Wydawało się, że nasz byt się stabilizuje, ale pojawiły się rozdźwięki w naszym małżeństwie. Kolejny remont zdecydowanie nie pomagał. Ja również nie czułam się dobrze w nowym domu. Kiedy go kupowaliśmy, nie zwróciłam uwagi na podskórne cieki wodne. Wkrótce zaczęły się moje uczuleniowe reakcje, które spowodowały, że nie mogłam korzystać z niektórych pomieszczeń.

Mój mąż porzucił pracę, a ja zostałam jedynym żywicielem rodziny. Ustaliliśmy, że będzie przebudowywał dom, ale prace remontowe jakoś się nie posuwały, natomiast był na bieżąco ze wszystkimi programami telewizyjnymi. Gotowałam, sprzątałam i zajmowałam się dziećmi. Życie z jednej pensji dawało się nieprzyjemnie we znaki. Brak jakiejkolwiek pomocy, psychicznej czy fizycznej, doprowadził mnie do kompletnej bezsilności i rozpaczy. Sprzeczaliśmy się coraz częściej.

Jego temperament też nie pomagał: gwałtowne wybuchy gniewu i codzienne krzyki odbijały się na naszych dzieciach. Zestresowana i zdesperowana zwróciłam się o pomoc do sił wyższych – o radę, jak wyjść z tego impasu. Parę tygodni później otworzyła się w firmie możliwość dwuletniego wyjazdu do Rochester w Stanach Zjednoczonych. Tego rodzaju wyjazd był bardzo intratny i wiele osób o niego zabiegało. Nawet mi przez myśl nie przeszło, że taką ofertę mogłabym otrzymać. A jednak parę miesięcy później leciałam z dziećmi do Stanów, żeby wybrać szkołę i miejsce do zamieszkania.

Tym razem postanowiłam podejść do sprawy bardziej metodycznie: zawsze miałam ze sobą różdżki i w każdym domu wystawionym na sprzedaż badałam starannie czy nie ma cieków wodnych. Zaczęłam naprawdę ufać mojej intuicji i świadomie brać ją pod uwagę przy podejmowaniu decyzji.

Przyjmując kontrakt w Stanach, sądziłam, że nie będę mieć tam większych trudności. W końcu mówiłam już w miarę dobrze po angielsku, a firma pomagała mi w przeprowadzce. I tu czekała mnie niespodzianka. Zupełnie nie zdawałam sobie sprawy z różnic kulturowych między Anglią i Stanami. Nie znałam ich przenośni, slangu i wielu filmów, na których się wychowali. Ja nie rozumiałam niuansów ich rozmów, oni nie rozumieli, co ja chcę im przekazać. W sferze zawodowej było to jeszcze do przyjęcia, ale wszelkie spotkania towarzyskie były dla mnie zupełnym koszmarem. Czasami nawet te same słowa miały zupełnie inne znaczenie. Na przykład w Anglii gumka do wycierania to *ruber*, natomiast w Stanach jest to słowo określające prezerwatywę. W związku z tym, gdy kiedyś na zebraniu w pracy zapytałam mojego kolegę czy może ma *ruber*, zrobił bardzo zdziwioną i nieco zawstydzoną minę.

Miałam wiele sytuacji tego rodzaju, szczególnie że takich rzeczy nie można znaleźć w słowniku. Aby sobie z tym jakoś radzić, musiałam nauczyć się odczuwać emocje ludzi, z którymi rozmawiałam, i prawie telepatycznie odgadywać, co naprawdę mają na myśli. W ten sposób wyrobiłam w sobie tak zwany szósty zmysł, który zaowocował w przyszłości, pomagając mi niezmiernie zarówno w pracy zawodowej, jak i w przyszłej pracy terapeuty.

W POSZUKIWANIU WEWNĘTRZNEGO SPOKOJU

Przebojem tamtym czasów była Transcendentalna Medytacja. Miałam nadzieję, że pozwoli mi ona osiągnąć lepsze zrozumienie i klarowniejsze spojrzenie na bieg mojego niespokojnego życia, więc postanowiłam spróbować. Bardzo szybko do mnie dotarło, że uczenie się medytacji wcale nie jest takie łatwe. Mój umysł był niezwykle aktywny, pełen niepokojów i zmartwień: aklimatyzacja w nowym miejscu, radzenie sobie z wymogami w pracy, zajmowanie się dziećmi, integrowanie się z nową kulturą i rozwijanie poczucia własnej wartości w roli samotnej matki. Kolega poradził mi, żebym zaczęła od obserwowania swoich myśli. Trzeba skupić się na liczeniu oddechów, od jednego do dziesięciu. Jeżeli złapiesz się na tym, że pojawia się nowa myśl, zaczynasz liczyć od początku. A ja nigdy nie mogłam wyjść poza jeden! Mój umysł nie potrafił zatrzymać się nawet na jeden oddech.

Poszłam na spotkanie z instruktorem Transcendentalnej Medytacji i dostałam mantrę, którą miałam powtarzać przez 15 minut. Miała to być taka specjalna mantra dla mnie! Ale coś było nie tak. Czułam, że tworzy ona w moim ciele jakąś dziurę, przez którą coś usiłowało przejąć nade mną kontrolę. Zaczęłam więc zamiast tej mantry używać słowa „Jezus" albo „jedność". Zrobiło się łatwiej, poczułam spokój, ale medytacja nadal była dla mnie ciężką pracą. W ciągu następnych paru lat próbowałam wielu technik i w końcu dobrnęłam do punktu, kiedy mogłam uspokoić umysł na tyle, żeby usłyszeć swój wewnętrzny głos i otrzymać przewodnictwo. A tak naprawdę nie był to głos, lecz było to gwałtowne, głębokie zrozumienie problemu. Wszystko staje się jasne i przejrzyste, jakby ktoś nagle dolał mi rozumu do głowy.

Rok po poznaniu Transcendentalnej Medytacji zaczęłam praktykować tai-chi i qigong. Bardzo mi to pomogło w wytworzeniu lepszej komunikacji z własnym ciałem. Dało mi jeszcze większą świadomość przepływu energii, jak również nauczyłam się rozpoznawać miejsca, gdzie ten przepływ był zablokowany. Pewnego razu w trakcie zajęć tai-chi doznałam bardzo niezwykłego przeżycia. Ćwicząc w kilkuosobowej grupie, z pełną synchronizacją i harmonią naśladowaliśmy ruchy nauczyciela. W pewnej chwili poczułam kulę energii, która przemieszczała się powoli od brzucha w górę ciała, aż dotarła do głowy na wysokości uszu. Poczułam duże ciśnienie, tak jakbym była w schodzącym do lądowania samolocie. Energia zdecydowanie natrafiła na przeszkodę. Nagle uszy się przetkały i miałam wrażenie, jakby coś mnie opuściło, a otworzyło się nowe przejście. Od tego czasu zaczęłam słyszeć bloki energetyczne w ciałach innych ludzi. Brzmiało to tak, jakby ktoś skrobał paznokciem po tablicy i jakby w pewnych obszarach brakowało harmonii, tak jakby struna w instrumencie była niedostrojona.

SEN

Minął mniej więcej rok, od kiedy zaczęłam intensywnie medytować. Któregoś wieczoru weszłam w medytację tak głęboko, że poczułam się jak we śnie. Miałam wrażenie, że umieram. Bardzo bałam się śmierci. W pewnym momencie poczułam, że umieram i że wychodzę z ciała, jakbym uwolniła się z ciasnego kombinezonu płetwonurka. Ogarnęła mnie ogromna radość, poczucie wolności i swobody. Kiedy opuściłam ciało, poczułam, że unoszę się wysoko, a pode mną była łąka cudownych kolorów, wibrujących i żywych. Takich, jakich nie można namalować, jakie są tylko w tęczy. Czułam wielki spokój i błogość.

Było to tak, jakbym oglądała kolorową telewizję po latach czarno-białych filmów. To doświadczenie przyniosło mi dwa nowe odkrycia: po pierwsze, przestałam obawiać się śmierci. Po drugie, miałam silne wrażenie, jakbym przez chwilę doświadczyła nowej formy egzystencji. Zobaczyłam świat z punktu widzenia duszy, wypełniony wibrującą, pełną kolorów, żyjącą energią.

Zrozumiałam, że nie jestem ciałem, które ma duszę, ale raczej jestem duszą, która ma ciało, żeby móc doświadczyć ziemskiego życia.

SKĄD TEN CAŁY BÓL?

W przeciwieństwie do chwil spokoju w czasie medytacji lub tai-chi, miałam również zupełnie niezrozumiałe napady bólu, które pojawiały się w różnych miejscach ciała, i to czasami bardzo intensywnie. Pewnego razu poczułam tak silny ból w klatce piersiowej, że byłam pewna, że to atak serca. Czasem pojawiał się ból ramienia albo głowy. Poszłam po poradę do lekarza, ale on lekceważąco oznajmił, że nic złego się dzieje i najprawdopodobniej jestem hipochondryczką. Praca wymagała podróży, co zdecydowanie zwiększało moje problemy. Czułam się bardzo marnie.

Te ataki bólu były dla mnie niewyjaśnioną zagadką. Aż pewnego dnia w czasie dużego spotkania biznesowego znalazłam trop odpowiedzi. Nagle, nie wiadomo skąd, poczułam nieznośne swędzenie kolana. Bardzo mi to przeszkadzało. Zupełnie nie mogłam skoncentrować się na zebraniu. W czasie przerwy mój współpracownik, który siedział obok mnie, powiedział mi, że wczoraj miał usunięty gips z nogi i teraz kolano tak strasznie go swędzi, że nie wytrzyma do końca zebrania. To był zupełny szok! Czy to możliwe, że te wszystkie bóle, których doświadczałam, nie były moje? Czyżbym czuła ból innych? A jeśli tak, czy mogę to jakoś zatrzymać? Czy istnieje jakiś wyłącznik, który by mnie od tego uwolnił?

PIERWSZE SEMINARIUM: UZDRAWIAJĄCY DOTYK

Aby rzucić więcej światła na moje zagadkowe przypadłości, poszłam na zajęcia, których tematem był uzdrawiający dotyk, oparty na empatycznym wyczuwaniu, jakiego rodzaju dotyk może przynieść innym ulgę w cierpieniu i w bólu. Nie byłam przekonana, czy takie zajęcia mnie zainteresują, ale przyjaciółka zasugerowała mi, że ten kurs może pomóc mi znaleźć rozwiązanie mojego problemu. W czasie ćwiczeń instruktor połączył nas w pary. Staliśmy naprzeciw siebie z podniesionymi rękami i zbliżaliśmy otwarte dłonie do dłoni partnera, pozwalając sobie czuć energię drugiej osoby. Po paru sekundach poczułam przejmujący ból w klatce piersiowej, więc zapytałam partnerkę, czy może to w jakiś sposób wytłumaczyć. Zalała się łzami i powiedziała, że dziś jest dwudziesta piąta rocznica jej ślubu, a właśnie złożyli z mężem pozew o rozwód. Czułam ból jej złamanego serca. To mnie ostatecznie przekonało, że bóle, jakie odczuwałam, należą do innych osób.

Paradoksalnie, instruktorka chciała nas nauczyć, jak rozwinąć wrażliwość współodczuwania, natomiast ja chciałam wiedzieć, jak się tych kłopotliwych zdolności pozbyć. Niestety, na ten temat nie miała wiele do powiedzenia. Ale przynajmniej wiedziałam, gdzie zacząć szukać.

CZEGO SIĘ NAUCZYŁAM?

Wczesne lata dziewięćdziesiąte były dla mnie bardzo trudne emocjonalnie i fizycznie. Tak wiele spraw odeszło w przeszłość – małżeństwo, praca i kolejny kraj, który tak długo nazywałam swoim domem. Znowu zaczynałam od początku. Ale na mojej nowej ścieżce życia i w nowym otoczeniu pojawiły się też nowe możliwości. Weszłam na drogę medytacji, wewnętrznej refleksji i komunikacji telepatycznej – a to wszystko pomogło mi zmienić kierunek mojego życia. Odkrycia, które przyszły do mnie podczas snu i medytacji, uwolniły wiele lęków i przyniosły nowe zrozumienie. Słowo „dusza", które do tej pory nie miało dla mnie głębszego znaczenia, stało się bardzo ważne. Lecznicza moc dotyku i zrozumienie duchowości zaczęły odgrywać dużą rolę w moim normalnym codziennym życiu. Zrozumiałam, że moje ciało jest instrumentem, dzięki któremu mogę określić u innych osób miejsca chore lub podatne na choroby. Zaczęłam podejmować decyzje opierające się na zrozumieniu sytuacji, na intuicji i na przeczuciach, które dostawałam poprzez dostrajanie się do wiedzy wszechświata. Mając tak wspaniałe narzędzia, musiałam się tylko nauczyć lepiej nimi posługiwać!

NOWE PRZEKONANIA

- *Dzięki medytacji i głębokiemu pragnieniu, aby zrozumieć działanie świadomości (a w szczególności moich myślowych zapętleń), mogę nauczyć się kontrolować mój umysł. Nawał myśli nie musi mieć nade mną kontroli.*
- *Obserwowanie własnych myśli i przetwarzanie zapętlających poglądów, pozwala osiągnąć jasny i klarowny wgląd w sytuacje dotyczące mnie i otaczającego mnie świata.*
- *Śmierć to przemiana jednego stanu istnienia w inny i nie ma powodu, żeby się jej obawiać.*
- *Nie jestem ciałem z duszą, ale duszą, która posiada ciało, aby doświadczać życia i uczyć się mądrości.*
- *Ból w ciele może emanować na zewnątrz i być odczuwany przez innych. Możemy czuć czyjś ból, a inni mogą odczuwać nasz.*
- *Moje ciało pomaga mi w podejmowaniu decyzji dzięki temu, że informuje mnie, jak się czuję w odniesieniu do spraw, które mam przed sobą.*

WEŹ GŁĘBSZY ODDECH, TERAZ CHWILA DLA CIEBIE

- W jaki sposób uspokajasz umysł i jak obserwujesz swoje myśli?
- Co twoje ciało chce ci uświadomić?
- Czy odczułeś kiedyś fizycznie ból innej osoby?
- Jak to się przejawiało w twoim ciele?

Rozdział 4

DOŚWIADCZAJĄC UCZUCIA MIŁOŚCI

1994–1995, WARSZAWA, POLSKA

Jedno słowo może nas uwolnić od całego ciężaru i bólu życia: to słowo „miłość”.

Sofokles

Z POWROTEM W WARSZAWIE

Z początkiem 1994 roku, trzynaście lat po opuszczeniu Polski, wróciłam do mojej rodzinnej Warszawy, oddelegowana tu na dwa lata jako przedstawiciel firmy Xerox.

Przyniosło to ze sobą wielką zmianę – geograficzną, emocjonalną i duchową. Moje życie zatoczyło pełne koło. Zrealizowałam już marzenia o podróżach i życiu w innych krajach. Teraz pracowałam dla Xeroksa w Polsce, ale na amerykańskiej pensji i z wszelkimi bonusami przysługującymi na delegacji. Zarabiałam nieporównywalnie więcej niż przeciętnie ludzie w Polsce. Wydawało się, że mam wszystko, o czym marzyłam, ale nie spodziewałam się, że największe wyzwania miały dopiero nadejść.

Byłam odpowiedzialna za rozwinięcie nowego przedstawicielstwa Xeroksa w Polsce, to znaczy za działy bezpośredniej sprzedaży, instalacji, serwisu oraz za dział obsługi klienta, jak również prowadziłam drukarnię cyfrową. Do tej pory zajmowałam się techniczną stroną projektowania i naprawy urządzeń. Teraz miałam zająć się rozwojem biznesu. Bez treningu i doświadczenia czułam się jak wrzucona na głęboką wodę – albo zacznę pływać, albo się utopię. Wykorzystywałam intuicję, żeby się nauczyć współpracy z szefami, pracownikami i klientami. Moje zdolności empatyczne i telepatyczne okazały się bardzo pomocne.

Pozwalały mi czytać między wierszami i słyszeć to, co nie zostało powiedziane. Rozumiałam nie tylko potrzeby techniczne moich klientów, ale też ich sytuację i stan emocjonalny. Zorientowałam się, że naprawdę utalentowany sprzedawca może z większym powodzeniem sprzedać produkt, słuchając, co klient mówi, i wczuwając się w jego nastrój albo humor, niż opisując zalety sprzedawanego produktu. Innymi słowy, dobry sprzedawca powinien być zdolny do nadawania i odbierania na tych samych falach co kupujący.

Z zawodowego punktu widzenia przekształcałam się stopniowo z technicznego specjalisty w menedżera zorientowanego na człowieka i współdziałanie grupy. W tym czasie zachodziły też równie istotne zmiany w moim życiu osobistym i duchowym. Zaczęłam rozwijać współpracę między moją lewą, racjonalną połową mózgu i prawą, intuicyjną. W trudnych sytuacjach uczyłam się, jak zadawać pytania wyższemu źródłu wiedzy i mądrości i jak słuchać odpowiedzi. Wieczorem w czasie medytacji zadawałam pytanie, a rano budziłam się z nowym spojrzeniem na problem i potencjalnym rozwiązaniem.

W tym okresie Polska przechodziła wielkie przemiany i panowało ogromne zamieszanie. Minęło niewiele czasu od chwili, gdy ruch solidarnościowy spowodował, że po pięćdziesięciu latach komunistyczny rząd oddał władzę. Nowy rząd uczył się demokracji. Cały ten czas zmian i niepewności był dla mnie tym trudniejszy do zniesienia, że wciąż odczuwałam bóle i dolegliwości oraz emocje ludzi dookoła. Byłam jak gąbka, wchłaniając zewsząd cudze emocje. Ciągle poszukiwałam sposobu, żebym mogła to jakoś wyłączyć.

SILNIEJSZE NIŻ ANTYBIOTYKI

Pod koniec 1994 roku wymogi mojego stanowiska i 12-godzinny dzień pracy zaczęły zbierać żniwo. Rozpoczęło się od zwykłego przeziębienia, którego nie pozwoliłam sobie wyleżeć, bo oczywiście firma się zawali beze mnie – ha! W końcu zupełnie się rozłożyłam. Płuca były wypełnione śluzem, oddychało mi się niezmiernie trudno i pojawił się ból w klatce piersiowej. Miałam gwałtowne ataki kaszlu, które nasilały się, gdy leżałam, musiałam więc spać prawie w pozycji siedzącej. Przepisane antybiotyki w ogóle nie działały i myślałam, że umrę. Pewnej nocy siedziałam tak na łóżku, nie mogąc zasnąć, i zaczęłam odmawiać Modlitwę Pańską, w kółko przez pięć godzin. Miałam wrażenie, że bez tego naprawdę bym umarła. Mówiąc słowa modlitwy, wkładałam w nie całe serce i duszę, wszystkie moje pragnienia i uczucia. Około czwartej nad ranem przyszła ulga, znowu zaczęłam normalnie oddychać. Wreszcie zapadłam w sen, a kiedy się obudziłam, poczułam, że najgorsze mam już za sobą, że jestem na drodze do wyzdrowienia. Ta noc nauczyła mnie, jaka jest moc modlitwy i moc poddania się wyższej sile.

DOŚWIADCZENIE MIŁOŚCI

Niedługo po tej doniosłej nocy znalazłam nieformalną grupę osób zainteresowanych duchowością, energią, wibracjami, fizyką i świadomością. Dziesięć osób spotykało się raz w tygodniu, żeby o tym dyskutować. Zaczynaliśmy każde spotkanie od medytacji, potem był wykład i dyskusja. Na czwartym spotkaniu, gdy zaraz po medytacji otworzyłam oczy, dokładnie na wprost przed sobą dostrzegłam wizerunek Jezusa na półce z książkami. Był to przetworzony komputerowo portret Jezusa z całunu turyńskiego.

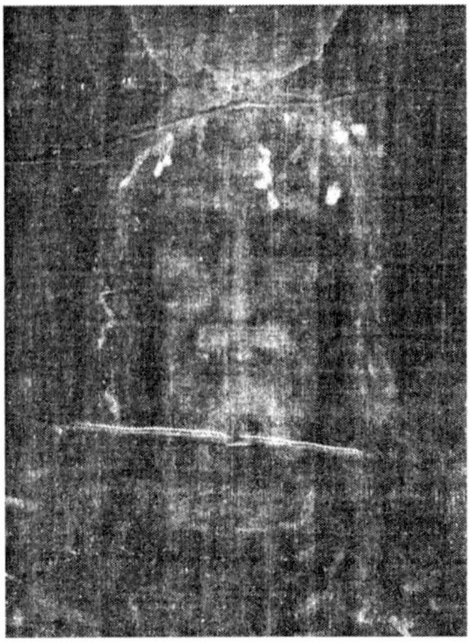

Rys. 12. Obraz twarzy Jezusa na całunie turyńskim.

Przedtem nie zwracałam na to uwagi, ale tym razem wydawało mi się, że patrzy prosto na mnie. Moje ciało wypełniło się bardzo intensywnym uczuciem miłości. Tak samo jak kiedyś poczułam intensywnie ból złamanego serca tamtej kobiety na zajęciach z leczniczego dotyku, teraz cała dostroiłam się do wizerunku Jezusa, odbitego na całunie turyńskim. Czułam, jakbym całkowicie połączyła się z prawdziwą i kochającą osobą, jaką był Jezus. Każdy atom w moim ciele wibrował Jego miłością. Nigdy dotąd niczego podobnego nie zaznałam. To było najbardziej znaczące i dogłębne doświadczenie w moim życiu.

Wszyscy mówią i opisują, czym jest miłość, ale w tamtym momencie naprawdę poznałam, co ona znaczy i jak się ją czuje w całym ciele. Czułam miłość i stałam się nią. Mimo że to uczucie po paru godzinach przeminęło, od tamtego czasu ciągle mam je w pamięci. Stało się moim punktem odniesienia. Kiedy teraz patrzę na tę reprodukcję, mogę to uczucie przywołać i znowu stać się tą miłością.

Widziałam do tej pory setki wizerunków Jezusa, ale żaden z nich nie miał na mnie takiego wpływu. Sądzę, że powód był taki, iż ta podobizna pochodziła z całunu, który okrywał ciało Jezusa po śmierci. Dlatego odczuwanie tej energii miłości było możliwe. To powiązanie wciąż jest bardzo głębokie. Zrobiłam kopię tego obrazu i medytowałam z nią codziennie. Kiedy stapiałam się z tym zdjęciem w jedno i pozwalałam sobie odczuwać przepływającą miłość, wtedy mogłam zadawać pytania i pojawiały się odpowiedzi. Zawsze zaczynałam medytacje od słów: „Poddaję się Twojej miłości, proszę, naucz mnie”.

ILE JESZCZE MOGĘ WZIĄĆ NA SWOJE BARKI

Byłam w Polsce już ponad rok. W ciągu tego czasu udało mi się stworzyć wspaniały zespół młodych entuzjastycznych ludzi. Ale miałam również wiele problemów. Korupcja, jaka wtedy panowała w Polsce, bardzo dawała mi się we znaki. W czasie rozmowy z dyrektorem jednego z ministerstw po pięciu minutach usłyszałam pytanie: „Jaka jest prowizja dla kupującego?”. Mój budżet takich prowizji nie przewidywał. W pracy nastały trudne dni i byłam pewna, że gdybym nie pojawiła się tam choć jeden dzień, wszystko by się rozpadło. Ale to ja się rozpadłam. Pod koniec wiosny miałam kolejne załamanie zdrowotne. Połączenie silnego stresu, nadwrażliwości na bóle innych i braku równowagi życiowej dało wyniki – rozchorowałam się. Wszystko naraz mi wysiadło: serce było tak słabe, że idąc po schodach, ledwo mogłam pokonać pół piętra, nie miałam na nic siły i znów zaczęły się trudności z oddychaniem. Gdy już zupełnie nie mogłam funkcjonować, zostałam przyjęta do szpitala. Uwięziona w szpitalu, miałam czas na odpoczynek, na dobre jedzenie, przynoszone mi przez rodzinę, i na to, by się pozbierać.

Gdy wychodziłam ze szpitala, lekarz zalecił mi miesiąc rekonwalescencji. To pewnie była dla mnie jedyna możliwość, by poświęcić jakiś czas tylko sobie. Nie mogłam uwierzyć, że biuro całkiem dobrze działało beze mnie...

Rekonwalescencja dobiegła końca, jak również kończyła się moja polska delegacja. Wróciłam do pracy, żeby przekazać moje funkcje innym i przygotować się do powrotu do Stanów.

SIŁA MIŁOŚCI

Przed wyjazdem do Stanów wpadłam na krótko do Anglii, żeby zobaczyć się z dziećmi i odwiedzić dawnych przyjaciół. Pewnego razu spacerowałam z przyjacielem wśród pól, w małej miejscowości niedaleko mojego domu. Nagle, nie wiadomo skąd, pojawiły się dwa rottweilery biegnące w naszą stronę. Nie było widać żadnych ludzi, do których psy mogły należeć. Pędziły prosto na nas. Zamiast krzyczeć ze strachu albo uciekać, poprosiłam o duchowe przewodnictwo, jak stać się miłością, podobnie jak robiłam to wiele razy wcześniej, patrząc na wizerunek Jezusa. Wtedy, ku naszej wielkiej uldze, psy zatrzymały się jakiś metr od nas, obejrzały nas od stóp do głów, po czym zawróciły i odbiegły.

KOCHAĆ – CO TO ZNACZY?

Od momentu mojego przeżycia z całunem turyńskim zaczęłam obserwować znaczenie słowa „miłość" w różnych sytuacjach życiowych. Czułam ogromne wewnętrzne pragnienie, żeby poddać się wibracji miłości i przekonać się, co to znaczy w życiu. Chciałam poznać, zrozumieć i doświadczyć, co dla mnie znaczy „stawanie się miłością" i jakie kreuje zachowanie. Jako punkt odniesienia miałam to fizyczne odczucie, którego doświadczyłam, patrząc na wizerunek Jezusa. Jeżeli tak się czuje miłość, to jak mam się zachować, żeby to poczuć? Zadawałam więc sobie wtedy pytania typu: „Jak teraz, będąc w stanie miłości, uporać się z tym problemem?", „Jak mogę w tej chwili i w tych warunkach odpowiedzieć wibracją czystej miłości?" albo: „Jak mogę być miłością w tej sytuacji?". Przyniosło mi to wiele ciekawych obserwacji i rozwiało wiele mitów, w które dotąd wierzyłam. Stać się miłością to znaczy mieć wewnętrzne uczucie zaufania i wiary. Towarzyszy temu poczucie wewnętrznego spokoju i radości. Wraz z poddaniem się przychodzi boskie przewodnictwo i wiedza. Zaczynałam rozumieć, że właśnie takie uczucie miłości, jakiego konsekwentnie doświadczali Matka Teresa, Mahatma Gandhi czy papież Jan Paweł II, spowodowało, że byli oni tak wyjątkowo mocni, charyzmatyczni i zdolni dokonać tylu zmian na świecie.

MIŁOŚĆ W WYDANIU ZAWODOWYM

Wyposażona w moje nowe zrozumienie, czym może być doświadczanie miłości, szczególnie po tamtej przygodzie z agresywnymi psami, byłam bardzo ciekawa, czy mogę to zastosować też w pracy. Co by było, gdybym wchodziła w stan współczucia, zrozumienia i miłości przy spotkaniach z ludźmi, którzy próbują mnie zaatakować? Rezultaty przeszły moje najśmielsze oczekiwania! Oprócz tego, że nie czułam stresu i mogłam już spokojnie prowadzić rozmowy biznesowe, moi współpracownicy uspokajali się, wycofywali z ataku i byli bardziej komunikatywni. Dawało się to szczególnie zauważyć w rozmowach indywidualnych, a zwłaszcza z moim szefem, który zamiast tworzyć między nami wielki mur, zaczynał mnie słuchać i rozmawiać ze mną jak z człowiekiem. Czasami nawet dzielił się bardzo osobistymi uwagami! Dodatkową korzyścią tego procesu było to, że na kilka sekund wcześniej wiedziałam, co dana osoba chce mi powiedzieć – zanim jeszcze się odezwała. Jakbym słyszała tok czyichś myśli, zanim zostały zamienione w słowa.

Kolejnym odkryciem było to, że kiedy przebywałam w przestrzeni miłości, byłam jakby prowadzona do miejsc, gdzie miałam być, do osób, których właśnie potrzebowałam, które były mi pomocne. Po prostu wiedziałam, co zrobić, spokojnie i bez wątpliwości. Niestety, te chwile nie zdarzały się często – przeważnie silniejsze były stare, dobrze znane sposoby działania, logika brała górę i stawałam się znowu obiektem mojego wewnętrznego dialogu i całej gromady wewnętrznych doradców. Stan miłości nie był moim normalnym, naturalnym, automatycznym sposobem przeżywania życia. Ale uczyłam się, jak częściej łączyć się z tym stanem. Wynikiem były kolejne znaczące zmiany w moim życiu.

Wszystko to przyniosło całkiem odmienne rozumienie, czym jest miłość. Dotychczas byłam przekonana, że jest to rodzaj wzajemnego świadczenia sobie usług, coś jak handel wymienny. Kiedy wystarczająco dużo dla kogoś zrobię, wtedy zyskam jego miłość.

Teraz uczyłam się czegoś zupełnie innego: najgłębszym aktem miłości jest słuchanie, rozumienie, współodczuwanie i otwarte, szczere bycie sobą. Słuchanie z miłością pomaga naświetlić sytuację, w jakiej jesteśmy, towarzyszyć komuś, rozumieć go i wspomagać go w zrozumieniu swojego działania i w porzuceniu ograniczającego przekonania. To pozwala nam posuwać się naprzód. Uświadomiłam sobie, że właściwie tak naprawdę nigdy nie czułam, co to jest miłość. Najważniejszym moim mitem, jaki wówczas padł, było przeświadczenie, że miłością jest poświęcanie się w imię czegoś lub dla kogoś – na przykład poświęcanie się dla dobra rodziny albo naprawianie czegoś, co kto inny zawalił. Teraz zaczynałam pojmować, że polega to znacznie bardziej na pomaganiu innym, by odnaleźli własne drogi i wartości, niż na robieniu czegoś za nich.

Wtedy rozumiałam właśnie tyle, ale zajęło mi następne kilkanaście lat, żeby w różnych sytuacjach zaobserwować, co znaczy miłość między ludźmi.

CZEGO SIĘ NAUCZYŁAM?

Dwa lata w Polsce były bardzo znaczącym okresem w moim wewnętrznym życiu. Zimne i racjonalne spojrzenie, sposób myślenia czy zachowania zaczęły łagodnieć. Powoli wstępowałam na bardziej duchową ścieżkę. Logika była podstawowym sposobem mojego działania w świecie, pomagała mi zadbać o stan mojego konta i funkcjonować w pracy. Odkryłam, że nie jest to jedyny sposób percepcji świata. Przebywanie w stanie miłości i czerpanie wiedzy, jaką to przynosi, jest znacznie skuteczniejsze niż poleganie tylko na intelekcie.

Nasze emocje są ogromną siłą, ale od nas zależy, w jaki sposób świadomie je wykorzystamy. W obliczu ataku możemy zareagować atakiem lub miłością. Możemy wpaść w panikę lub poprzez stanie się miłością zachować spokój. Możemy się bać lub kochać. Moje doświadczenie z obrazem Jezusa z całunu turyńskiego pokazało mi nową drogę, którą mogę wybrać, drogę głębokiego zrozumienia i miłości. To były moje osobiste doświadczenia i zdaję sobie sprawę, że różne osoby mogą to różnie przeżywać. Myślę, że nie ma znaczenia, jaki symbol bezwarunkowej miłości wybierzemy, jeżeli pozwoli nam on zjednoczyć się z miłością.

Nauczyłam się w tym czasie, jak poddać się miłości i słuchać przesłania, które z sobą niesie. Miłość stała się dla mnie kluczem do wszystkiego.

NOWE PRZEKONANIA

- *Miłość jest ogromną siłą. Bez względu na to, co uczyni człowieka zdolnym do odczuwania bezwarunkowej miłości – obraz, modlitwa czy doświadczenie, drzewa, kwiaty, góry czy ocean – może ona wypełnić całe twoje jestestwo uczuciem większym, niż można sobie wyobrazić, i może spowodować uzdrowienie i odbudowanie sił.*
- *Przebywanie w przestrzeni miłości daje ci możliwość czerpania wiedzy ze źródła. Pozwala osiągnąć jasność umysłu i zrozumienie.*
- *Przebywanie w przestrzeni miłości oddziałuje na ludzi, a nawet na zwierzęta wokół nas, pomagając im przenieść się w sferę spokoju i współodczuwania.*
- *Modlitwa jest bardzo silnym sposobem łączenia się ze źródłem miłości. Dla mnie Modlitwa Pańska była mocnym katalizatorem w procesie leczenia i odbudowywania sił.*

WEŹ GŁĘBSZY ODDECH, TERAZ CHWILA DLA CIEBIE

- Czy zdarzyło ci się kiedyś rozładować konflikt, dzięki temu, że słuchałeś kogoś z miłością i współczuciem?
- Czy masz coś takiego, co pomaga ci w dotarciu do najwyższej wiedzy?

PODSUMOWANIE CZĘŚCI I

Możesz zrozumieć swoje życie, patrząc wstecz, ale żyć trzeba, patrząc do przodu.

Søren Kierkegaard

Miałam możliwość zostania w Polsce, przeniesienia się do Anglii lub powrotu do Stanów. Wybrałam Stany. Była to moja bardzo świadoma decyzja. Po raz pierwszy czułam, że sama wybieram swoją ścieżkę życia. Mój świat i moja percepcja uległy wielkim zmianom. Nastąpiło wewnętrzne przebudzenie, dzięki któremu mogłam świadomie patrzeć na życie, wykraczając poza racjonalizm i zewnętrzne działanie. Dostrzegałam wyraźny wpływ długo utrzymywanych przekonań dotyczących mojego zdrowia i samopoczucia. Zamiast wzmacniać stare, ograniczające opinie na temat tego świata, zaczęłam zyskiwać dostęp do nieskończonego źródła wiedzy – dzięki poddaniu się i proszeniu o wsparcie i pomoc ze strony boskiej świadomości.

Mój proces budzenia się i przygotowywania do następnych lekcji miał dwa oblicza. Po pierwsze, dotąd widziałam swoje życie jako linearny strumień wydarzeń następujących w czasie – i według tego żyłam: sytuacje zdarzały się, a ja byłam ich ofiarą. I tylko wyjątkiem były doświadczenia życia wewnętrznego, które prowadziły mnie do głębszego rozumienia. Teraz starałam się obserwować życie jako zbiór najróżniejszych wibracji poglądów czy przekonań, które realizują się na zewnątrz, jako manifestacja tego, co sama stworzyłam.

Po drugie, moje przeżycie bezwarunkowej miłości otworzyło mnie na nieznany mi dotychczas wymiar. Tak jakbym zaczęłam widzieć świat w całej gamie kolorów zamiast jako czarno-biały obrazek. Wiedziałam, że gdy jestem w wibracji bezwarunkowej miłości, wtedy widzę głębszą prawdę danej sytuacji i mogę wybrać optymalne wyjście.

Praca z urządzeniami do rezonansu magnetycznego pokazała mi, że fale można obserwować z punktu widzenia czasu lub z punktu widzenia częstotliwości. I podobnie, mogę przeżywać swoje życie z punktu widzenia czasu i analizować je z punktu widzenia częstotliwości, żeby zobaczyć, jakie są składowe wibracje, poglądy, które je tworzą. Mieszanka atomów w ciele, która zawiera wodór, tlen, węgiel i wiele innych pierwiastków, tworzy bardzo chaotyczny sygnał funkcji czasu na wykresie, ale staje się całkiem jasna i zrozumiała, kiedy analizuje się ją z punktu widzenia składowych częstotliwości. Wtedy możemy zobaczyć istotę zagadnienia, a nie chaos, w którym wszystko wydarza się naraz. Tak nauczyłam się rozumieć toczące się wokół mnie życie. Kiedy patrzyłam na nie z punktu widzenia czasu, był to zupełny chaos i wszystko wyglądało jak przypadkowy zbieg wydarzeń. Natomiast gdy patrzyłam na konkretną sytuację z punktu widzenia poglądów, które ją stworzyły, wtedy wszystko stawało się jasne. Od kiedy zaczęłam częściej wkraczać w świat częstotliwości, zaczęłam dostrzegać zupełnie inne znaczenie wszystkiego i mogłam się z tego wiele nauczyć. Mogłam zobaczyć przyczynę i skutek każdej sytuacji. I zawsze było widać, dlaczego życie przyjęło daną formę. Istniał pewien zbiór poglądów, który powodował określoną serię wydarzeń. Nie można było tym manipulować ani tego zmienić.

Czułam ogromny podziw dla twórcy tak wspaniałego systemu. Tu nic nie działo się przez przypadek, nie było żadnych pomyłek. Jako inżynier podziwiałam precyzję jego działania. Był bezbłędny!

Fale wibracji i odkrywanie pierwotnej przyczyny wszystkiego – to było teraz dla mnie dostępne, ale tylko wówczas, kiedy osiągałam przestrzeń bezwarunkowej miłości. Bycie miłością stało się sposobem wchodzenia w ten odmienny wymiar. Najpierw zapraszałam miłość do swojego wnętrza, potem stawałam się nią, a następnie w pełni akceptowałam płynące z tego konsekwencje. Wówczas mogłam obserwować przyczyny i skutki danej sytuacji. Czułam to tak, jak gdyby jakiś specjalny program, o którym wcześniej nie wiedziałam, nagle się uruchamiał i zupełnie zmieniał moją percepcję. Do mnie należał wybór, w jaki sposób chcę patrzeć na daną sytuację. Mogłam myśleć, że takie było zrządzenie losu, albo mogłam zrozumieć, jak sama tę sytuację stworzyłam. Zaczynałam pojmować, że jesteśmy twórcami własnego życia, a nie ofiarami ślepego losu!

Analizując wydarzenia ze swojego życia, jak również życie ludzi, którzy przychodzili do mnie na sesje, zaczęłam obserwować rozwój świadomości i zastanawiać się, gdzie jest ona zapisana w naszym ciele. Omawiam to szerzej w części drugiej.

Możesz zapytać, dlaczego czułam to niezwykłe połączenie z Jezusem, a nie na przykład z Buddą albo z innymi wielkimi postaciami religijnymi. Wtedy jeszcze tego nie wiedziałam. Wszystkie te wielkie postacie pojawiały się w ciągu wieków, aby pomagać ludziom dzięki temu, że były przykładem poziomu oświecenia, który pozwalał na kontakt ze źródłem, z Bogiem. Wyjątkowość Jezusa polega na tym, że będąc ucieleśnioną miłością i mając tak wysoki poziom świadomości, żył na ziemi wśród zwykłych ludzi. Dlatego jest jak solidny dąb, który ma korzenie głęboko w ziemi, ale jego gałęzie sięgają wysoko do nieba.

Miłości i łaski można również doświadczyć poprzez Buddę, chociaż ta droga jest nieco trudniejsza. Budda jest jak wielkie, mocne drzewo *redwood*, czyli sekwoja wiecznozielona – bardzo wysoka, ale też bardzo trudna do wspinania się na nią, ponieważ gałęzie zaczynają się wiele metrów nad ziemią. Sprawni wspinacze mogą temu podołać, ale wymaga to długiego, intensywnego treningu. Dlatego w tym okresie mojego życia łatwiej mi było iść drogą Jezusa.

Doświadczanie tego na co dzień nie tylko pomogło mi rozszerzyć własną świadomość, ale też pozwoliło pomóc innym ludziom, by poznali zależności pomiędzy przyczyną a skutkiem i dzięki temu stali się świadomymi twórcami swojego życia.

Część II

Spektrum świadomości

WPROWADZENIE

Życie jest jak jazda na rowerze – musisz być w ruchu, żeby utrzymać równowagę.

Albert Einstein

W tej części chciałam podzielić się obserwacjami dotyczącymi tego, jak działała moja świadomość wtedy, gdy poznawałam rolę i siłę bezwarunkowej miłości w codziennym życiu. W jej świetle mogłam dostrzegać pełnię i bogactwo życia. To było tak, jakbym przedtem widziała wszystko czarno-białe, a teraz potrafiła zobaczyć też wiele innych kolorów; mój poprzedni świat był trójwymiarowy, teraz zrobił się wielowymiarowy. Przez wiele następnych lat powoli zaczęłam poznawać gamę kolorów, a także zauważać różnice pomiędzy nimi. Wydawało się, jakby każdy pogląd miał kolor. Mogłam grupować poglądy o tym samym kolorze. Oczywiście to tylko przenośnia, tak naprawdę chodziło nie o kolory, lecz o ogromną różnorodność ludzkich odczuć i stereotypów działania. Obserwując różne rodzaje podejścia do życia, zwracałam również uwagę na to, co się dzieje w ciele obserwowanej osoby i w którym miejscu dany pogląd jest umieszczony. Nazwałam to dostrajaniem się do wibracji. Moja świadomość rozpoznawała niewidoczne aspekty życia. Uczyłam się, co naprawdę znaczy miłość, ale także widziałam, jak wiele poglądów rości sobie pretensje do powinowactwa z tym uczuciem. Wyjaśniało się wiele nieporozumień.

Moje ciało nauczyło się rozróżniać wibracje poglądów. Zaczął się przede mną zarysowywać obraz spektrum świadomości podobny do spektrum fal elektromagnetycznych. Spektrum świadomości nie jest już pojęciem nieznanym. Wszyscy mamy bogaty wachlarz przekonań, od tych w rodzaju: „Muszę ciężko pracować, żeby zarobić na życie", po różne przekonania na temat związków uczuciowych, odpowiedzialności, moralności, religii. Zauważyłam, że niektóre przekonania są indywidualne, a inne bardziej ogólne, uniwersalne. Każde z nich ma swoją częstotliwość. Mogłam je poukładać na skali podobnej do spektrum światła. Tak powstał fundament mojej przyszłej pracy.

Na początku moje rozumienie poziomów świadomości wiązało się z systemem czakr z tradycji hinduskiej (zob. rys. 13.). W tym systemie czakra to wibrujący dysk umieszczony w konkretnym miejscu w ciele, który odpowiada określonym aspektom życia, od fizycznych, przez mentalne, aż po duchowe. Dla mnie to wyglądało tak, jak gdyby każda czakra była częstotliwością nośną (jak w falach radiowych), na której zapisane są informacje o sytuacjach, przeżyciach, emocjach i poglądach, jakie w każdym z tych obszarów stworzyliśmy. Według moich obserwacji nie były to tylko dyski, ale każda część ciała działała też jako pamięć świadomości.

Początkowo rozpoznałam siedem poziomów tych wibracji nośnych, odpowiadających każdej z siedmiu czakr, a potem okazało się, że jest ich znacznie więcej.

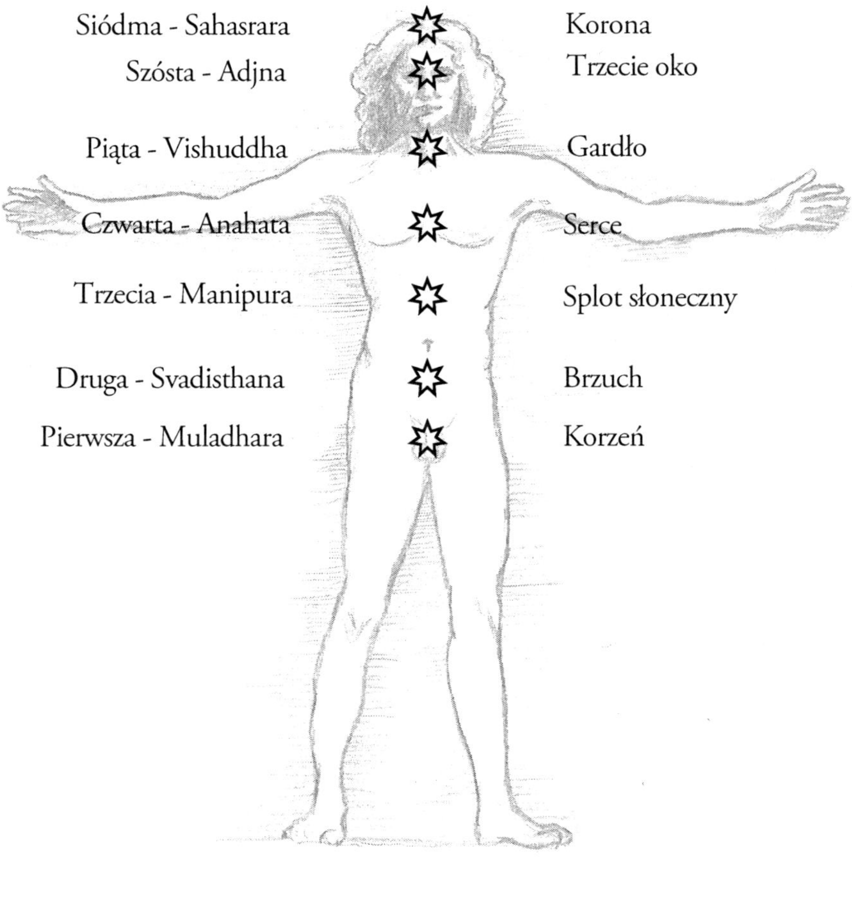

Rys 13. Siedem czakr według hinduizmu.

Rysunek 14. przedstawia wybrane przekonania ułożone od najbardziej przyziemnych do bardziej uniwersalnych. Po lewej stronie są przekonania ograniczające i hamujące nasze działania. Po prawej – te, które są koherentne z prawdą uniwersalną i pozwalają na przepływ energii w ciele.

Poza siedmioma poziomami świadomości, które otwierały się pojedynczo, zobaczyłam wiele dodatkowych poziomów, do których dostęp może się otworzyć jednocześnie, zbiorowo. Nazwałam je pasmami, analogicznie do pasma fal elekromagnetycznych. „Wyższe" pasma świadomości były związane z aspektami bytu powyżej spraw jednostkowego istnienia i problemów życia codziennego. Były to poglądy o szerszym, globalnym zakresie i określały ludzkość jako całość, ziemię, a nawet Wszechświat. Zauważyłam również, że poziomy świadomości otwierają się w kolejności od najniższych, dotyczących przekonań wpisanych w codzienne fizyczne przeżycie, tych najbardziej przyziemnych, poprzez mentalne, związane z naszą indywidualną duszą, aż po przekonania dotyczące ludzkości, jako całości, i dalej, do najwyższych, o bardzo szerokim zasięgu.

Niższe poziomy są powiązane z naszymi podstawowymi potrzebami fizycznymi jak również z modelami mentalnymi, które wspierają naszą codzienną egzystencję – jak na przykład: „Muszę ciężko pracować, żeby cokolwiek osiągnąć". Wyższe poziomy dotyczą ludzkiej świadomości jako całości. Doświadczając pojęć na wyższych poziomach, wspinamy się jak po gałęziach drzewa, skąd mamy szerszy zasięg widzenia i zrozumienia – może nie lepszy lub ważniejszy widok, ale szerszy horyzont, dalszą perspektywę czy głębsze zrozumienie, jak wszystko jest ze sobą powiązane i współdziała.

Przekonania o wyższej częstotliwości

	Bóg jest miłością.
	Wszyscy jesteśmy częścią jednej całości.
	Inni ludzie odzwierciedlają to, co jest we mnie.
Boga nie ma. Wszystko w życiu to przypadek.	Wierzę w istnienie wyższej inteligencji.
Wierzę tylko w to, co zobaczę.	
Moja rodzina powinna robić to, co jej każę.	Mogę obserwować i zmieniać swój umysł.
Jak czegoś sam nie przypilnuję, wszystko się rozleci.	Daję innym wolność w podejmowaniu decyzji
Na miłość trzeba zasłużyć.	Miłość nigdy nie boli.
Zawsze coś złego mi się przydarza.	
Jestem bezwartościowy.	
Znajomi zawsze mnie wykorzystują.	Jestem bezpieczny w mojej rodzinie.
Wszyscy są przeciwko mnie.	Jestem częścią społeczeństwa.

Przekonania o niższej częstotliwości

Rys. 14. Spektrum świadomości powszechnych przekonań.

W następnych rozdziałach opowiem, w jaki sposób wraz ze zmianami w moim zewnętrznym życiu zmieniała się moja świadomość i jak te zmiany świadomości kształtowały życie zewnętrzne.

ROZDZIAŁ 5. PASMA 1 i 2:
ŚWIADOMOŚĆ CIAŁA I UMYSŁU

Siedem pierwszych poziomów odnosi się do naszego ciała i umysłu, włącznie z tym, jak wyrażamy emocje, jak działamy w naszym otoczeniu, jak uczymy się miłości i komunikowania naszej woli, jak budujemy nasz system reagowania.

ROZDZIAŁ 6. PASMO 3:
INDYWIDUALNA ŚWIADOMOŚĆ DUSZY

Te poziomy świadomości (8 do 16) odnoszą się do pojęcia „ja", indywidualnej duszy i pojmowania, że Bóg (Boskość) istnieje i można się z nim połączyć.

ROZDZIAŁ 7. PASMO 4:
ZBIOROWA LUDZKA ŚWIADOMOŚĆ

Poziomy 17–44, składające się na pasmo 4, definiują świadomość ludzkości jako całości, obejmują powiązania między wszystkimi ludźmi i naszą wspólną świadomość, a także ideę reinkarnacji, przeszłego życia i karmy.

ROZDZIAŁ 8. PASMO 5:
JEDNA ŚWIADOMOŚĆ ZJEDNOCZONA MIŁOŚCIĄ

W tym paśmie świadomości (poziomy 45–144) poprzez zrozumienie, że Bóg jest miłością, dostrajamy się do Świadomości Chrystusowej. Pojmujemy, co oznacza „wszyscy jesteśmy jednością", nawet poza rodzajem ludzkim, zjednoczeni przez miłość.

Rozdział 5

PASMA 1 i 2: ŚWIADOMOŚĆ CIAŁA I UMYSŁU

PAŹDZIERNIK 1995 – MARZEC 1996, ROCHESTER, NOWY JORK

Obłęd: powtarzanie bez końca tego samego działania i oczekiwanie innych rezultatów.

Albert Einstein

POWRÓT DO STANÓW

Po wszystkich tych zawirowaniach i perypetiach, które spotkały mnie w Polsce, poczułam znaczną ulgę, kiedy moja dwuletnia delegacja dobiegła końca i wiedziałam, że już wracam do Rochester. Uporządkowałam wszystkie sprawy i przekazałam je nowym menedżerom, a potem, pomiędzy starą a nową posadą, postanowiłam zrobić sobie wakacje. Przyjaciel pożyczył mi książkę *Studia nad aurą ludzką*, napisaną przez mistrza Kathumi, która mówiła o różnych specjalnych miejscach mocy na Ziemi, emitujących silną energię. Jednym z tych miejsc są góry Grand Tetons w stanie Wyoming. Postanowiłam pojechać tam, żeby sprawdzić, czego tam doświadczę, co będę czuła i czy zdołam odnaleźć wewnętrzny spokój.

ZOSTAŁAM UCZNIEM

Medytacje z wizerunkiem Jezusa z całunu turyńskiego rozpoczęłam już w Warszawie, ale teraz zamierzałam poświęcić temu całą uwagę. Głównie chodziło mi o to, jak znaleźć wyłącznik tych ciągłych nieznośnych bólów. Chciałam znaleźć ciche miejsce, gdzie mogłabym się uczyć, medytować, słuchać i otrzymywać wiedzę. Pojechałam tam z otwartym sercem i postanowieniem, aby poddać się, jak uczeń, swojemu mistrzowi: „Proszę, ucz mnie".

Przez dwa tygodnie wędrowałam po górach, przez większość dnia medytując. Nie miałam żadnych oczekiwań ani wizji, co mnie tam może spotkać, co otrzymam. Dzięki medytacji i poprzedniemu silnemu przeżyciu, które mnie spotkało, gdy pierwszy raz zobaczyłam ten charakterystyczny portret Jezusa, teraz odczuwałam Jego silną obecność.

Przed podróżą wiedziałam i wierzyłam, że Jezus był realną osobą i Jego nieskazitelna świadomość ciągle istnieje i mogę się z nią połączyć, zadawać jej pytania i dostawać odpowiedzi. Teraz naprawdę stało się to dla mnie treścią życia.

Po kilku pierwszych dniach nauczyłam się, jak rozpoznawać stan pierwszych siedmiu czakr, czuć je, być każdą z nich i zdiagnozować je – na przykład określić, czy czakra jest otwarta, czy zamknięta. Czułam to nie tylko w sobie, ale również w osobach, które mnie otaczały. Wieczorami, przyglądając się ludziom w schronisku, umiałam „obejrzeć" ich czakry. Wyglądało to tak, jakby pewne wzory wibracji były charakterystyczne tylko dla danej osoby, a równocześnie inne wzory powtarzały się u kilku osób. To musiało mieć jakieś znaczenie, postanowiłam więc dalej obserwować.

Jednym z pierwszych spostrzeżeń było to, że jeśli jakaś czakra była u kogoś zamknięta, osoba ta nie przejawiała aktywności w danym obszarze życia. Później zauważyłam, że istnieje współzależność między tym, jak czakra wygląda, a pewnym zbiorem przekonań związanych z tym obszarem ciała. Zawsze gdy przyglądałam się określonej sytuacji życiowej, starałam się zobaczyć wibrację i stan czakry u danej osoby. Przez wiele lat obserwowałam związek pomiędzy wyglądem czakr a fizyczną manifestacją tego w życiu człowieka.

Zaszła również wtedy istotna zmiana w moim odbiorze rzeczywistości. Patrzyłam na życie na dwa sposoby. Normalnie obserwowałam, co się wydarza, a jednocześnie widziałam, że zachodzi związek między ciągiem wydarzeń a określoną wibracją myśli, które te wydarzenia spowodowały. Wiedziałam już o tym dzięki teorii rezonansu magnetycznego, ale teraz doświadczałam tego namacalnie. Stawało się to częścią mojego bytu.

MOJE CIAŁO DOMAGA SIĘ UWAGI

Po wspaniałych wakacjach w Grand Tetons wróciłam do mojego starego domu w Rochester. Przyjęłam nowe stanowisko, tym razem w dziale marketingu firmy Xerox. Chciałam kontynuować bezpośredni kontakt z klientem i lepiej zrozumieć rynek amerykański. Dopiero po rozpoczęciu pracy zobaczyłam, że w 14-osobowym zespole poza mną była jeszcze tylko jedna kobieta. Większość członków grupy miała wykształcenie biznesowe, a ja – techniczne. Mój polski akcent, który po dwuletnim pobycie w Warszawie powrócił z nową siłą, również nie pomagał. Rozpoczęła się walka o to, aby być usłyszaną i zrozumianą. Ta sytuacja powodowała wiele stresu.

Czas spędzony w Polsce przypomniał mi również moje nieokreślone poczucie winy związane ze śmiercią ojca, ale wtedy nie mogłam się nad tym dłużej zastanawiać. Po powrocie do Stanów wypłynęło to na powierzchnię z taką siłą, że nie dało się już dłużej tego ignorować – miałam włókniaka, który w 1996 roku urósł do wielkości grejpfruta. Musiałam się tym zająć.

I znowu moje ciało domagało się ode mnie uwagi i troski – miałam niekończące się krwawienia. Kiedy postawiono diagnozę, mój lekarz upierał się, żeby zrobić histerektomię, po czym do końca życia brałabym sterydy. Nie wyglądało to zachęcająco. Wiedziałam, że nie mogę pójść tą drogą, i postanowiłam znaleźć inne wyjście z choroby.

JAK POKOCHAŁAM CHOROBĘ

Zaczęłam sama pracować z moim włókniakiem. Dotykałam brzucha, wyobrażałam sobie, jak tulę go w dłoniach. Patrzyłam na niego z miłością i nadsłuchiwałam, co chce mi powiedzieć. Kiedy tak uważnie się wsłuchiwałam, nagle pojawiły się wspomnienia o ojcu.

Dotąd nie miałam o nim żadnych wspomnień, jakby wszystko, co było z nim związane, zostało wymazane z pamięci. Stopniowo zaczęłam sobie przypominać – od końca, kiedy matka opowiadała ludziom o jego ostatnich chwilach. Tak strasznie mnie to wtedy bolało. Nie mogłam tego słuchać. Potem przypomniałam sobie pogrzeb. Potem tę noc, kiedy matka przyszła do mojego pokoju i powiedziała, że ojciec ma atak serca i umiera. Widziałam siebie, jak stoję przy jego łóżku, zdrętwiała z przerażenia, i nie wiem, co robić. Wszystkie ukryte wspomnienia napływały do mnie stopniowo. Wydobywałam je z pamięci dzień po dniu – było to jak kucie wielkiej skały. Zastygła we włókniaku, byłam ja, jako ośmioletnia dziewczynka, zagubiona, przerażona, samotna i z wielkim poczuciem winy. Zaczęłam się zajmować tą dziewczynką, opiekować się nią i ją pocieszać.

Wygrzebałam swoje zdjęcie z dzieciństwa – jedyne, jakie miałam – mniej więcej czteroletnia dziewczynka z misiem na wózeczku. Wyobraziłam sobie, że urosła i ma osiem lat. Patrzyłam na nią, przypominałam sobie, jaka wtedy była, zwracałam się do niej z miłością, przytulałam i tłumaczyłam, co się wówczas stało. Rozmawiałam z nią, jakby była moją małą córeczką i jakbym ja teraz, z moim bagażem doświadczeń życiowych, mogła jej to wszystko przedstawić w zupełnie innym świetle. Był to powolny proces, w którym zdobywałam jej zaufanie i tworzyłam nowe zrozumienie tamtych wydarzeń.

Zdjęcie, które wykorzystałam do medytacji.

Po trzech miesiącach włókniak przestał być wyczuwalny. Po dziewięciu miesiącach od czasu pierwszej wizyty lekarz powiedział, że włókniak zniknął. Dzięki temu doświadczeniu wiedziałam, że kiedy wkrada się choroba, lepiej ją pokochać, zamiast toczyć z nią walkę, żeby ją unicestwić.

TYLE BÓLU DOOKOŁA

Nie dość, że sama byłam chora, to ciągle odczuwałam też ból u innych ludzi, więc starałam się znaleźć sposób, jak mogę im pomóc – również po to, żebym przestała odczuwać ten cudzy ból i żebym wreszcie zyskała trochę spokoju.

Poszłam na seminarium, które prowadził Bernie Siegel w Instytucie Omega w Rhinebeck w stanie Nowy Jork. Po wykładzie podeszłam do niego i powiedziałam mu o mojej kłopotliwej zdolności. Odparł, że nie wie, jak mi pomóc, ale zna kogoś, kto ma podobną umiejętność. Była to Caroline Myss. Jej świeżo wydana książka *Anatomia duszy* była właśnie wykładana na półki w księgarni Omega Institute. Natychmiast przeczytałam ją od deski do deski, zaintrygowana kimś, kto miał podobne odczucia jak ja. Ogromnie pocieszające było to, że nie jestem jedyna. Ale książka nie poradziła mi, jak tę umiejętność wyłączać lub świadomie jej używać; musiałam wrócić do poszukiwań.

Możesz zapytać, dlaczego dopiero po tak długim czasie zaczęłam medytować nad tym problemem. Cóż, takie jest życie! Byłam ciągle zajęta i zawsze miałam jakieś usprawiedliwienie, ale w końcu stało się to tak dokuczliwe, że nie mogłam już dłużej tego ignorować.

MIŁOŚĆ JAKO WYŁĄCZNIK BÓLU

Nareszcie więc zaczęłam medytację, zadając pytanie, co powinnam zrobić, żeby przestać odczuwać ból innych ludzi. Oczywiście zawsze miałam przy sobie zdjęcie całunu turyńskiego. Odpowiedź, jaką otrzymałam, brzmiała: „Stań się miłością dla tej osoby, z którą przebywasz i której ból czujesz". Stać się miłością znaczyło otworzyć serce, słuchać uważnie, co dana osoba mówi, i akceptować to, kim w tej chwili jest. Czasem pomagało też, gdy wyobraziłam sobie, że przytulam ją do serca. Muszę przyznać, że robiłam to trochę egoistycznie – pomagając komuś pozbyć się bólu, sama też przestawałam go odczuwać.

Ale to był dopiero początek... W czasie medytacji odpowiedzi pojawiały się nie jako słowa, ale jako wiedza. Tak jak gdyby ktoś przesyłał mi informacje prosto do mózgu. Po prostu wiedziałam. Kiedy zadawałam pytanie, odpowiedź przychodziła nieco później. A nawet więcej niż odpowiedź – był to raczej obraz szerszego kontekstu, który pomagał mi zrozumieć całą sytuację. Zadawałam pytanie i otrzymywałam odpowiedź – powiązanie było jasne. Kluczową sprawą było utworzenie i utrzymanie w umyśle cichego miejsca, pełnego miłości i spokoju, żebym mogła tę odpowiedź usłyszeć. Bo inaczej czułam się jak w hałaśliwej restauracji, gdzie starasz się rozmawiać, ale jest tak głośno, że nic nie słyszysz.

Najskuteczniejszą techniką okazało się zadanie pytania przed zaśnięciem, a odpowiedź pojawiała się od razu, kiedy tylko się obudziłam. Uspokoić umysł nie jest tak łatwo, ale da się to zrobić. Każdy musi wypracować sobie własną metodę.

Wreszcie zastosowałam otrzymaną odpowiedź następnego dnia, spotykając się z osobą, której ból czułam. Powiedziałam do Jezusa: „Poddaję się Twojej miłości, proszę, naucz mnie, jak mam nią być". Wizualizowałam połączenie czystej miłości z energią tej osoby. Efekt był zdumiewający – ja przestałam czuć ból i ta osoba również odczuła ulgę. Powtarzałam to wiele razy, zwykle z tym samym rezultatem. Problem został jednak rozwiązany tylko częściowo. Kiedy ja traciłam koncentrację lub dana osoba odchodziła, wszystko wracało do stanu początkowego. To rozwiązanie („uzdrowienie") było bardzo krótkotrwałe.

Znowu więc zaczęłam medytować, pytając: „Co mam zrobić, żeby ten ból odszedł na dobre?". Przyszła instrukcja – muszę dotknąć tego miejsca na ciele tej osoby, gdzie sama czuję ból. Łatwo powiedzieć! Nie zawsze mogłam kogoś dotykać, ale jeśli tylko otrzymywałam takie pozwolenie, masowałam całe to miejsce na czyimś ciele, gdzie sama czułam ból. Wtedy stało się coś zupełnie niespodziewanego: ludzie zaczęli mi opowiadać o różnych swoich przeżyciach, często z wczesnego dzieciństwa. Te opowieści dotyczyły zwykle bardzo emocjonalnych zdarzeń. Tak jakbym przyciskała guzik i wtedy dawna, zapisana gdzieś historia była od nowa przeżywana. Nie bardzo wiedziałam, co mam z tym zrobić, więc po prostu z uwagą i zrozumieniem słuchałam.

Z biegiem czasu i z upływem kolejnych sesji zaczęłam zauważać, że te przeszłe historie miały wspólne wątki lub opisywały sytuacje podobne do tego, co działo się w życiu tych osób obecnie. Metody radzenia sobie ze współczesnymi sytuacjami często sięgały korzeniami do okresu dzieciństwa. Tak jak mój włókniak połączył mnie i pomógł mi skontaktować się ze wspomnieniem o ojcu, ja pomagałam innym wydobyć z niepamięci historie ukryte w ich ciele. Czasami po takim uzewnętrznieniu bolesnej pamięci i emocji ból rzeczywiście odchodził na dobre albo przynajmniej na dłuższy czas. Czasem jednak powracał. Wiedziałam, że jestem na dobrym tropie, ale jeszcze nie do końca. Wciąż osiągałam niewystarczające rezultaty – osób, które pozbyły się bólu na stałe, nadal było mniej niż 50 procent.

Wróciłam więc do mojej medytacji, zadając pytania: „Dlaczego czasem ból znika na zawsze, a czasami powraca? Co jest potrzebne, aby ból zniknął?". Uzyskałam odpowiedź, że muszę zaobserwować, jak dana osoba radzi sobie z powtarzającymi się sytuacjami, jaki mechanizm obronny wykształciła w efekcie pierwotnej traumy i jak ten mechanizm spełnia swoje zadanie w obecnych okolicznościach życiowych. Jeśli ktoś zdołał stworzyć nową metodę uporania się z dawnym dramatem i zastosować ją w przyszłych sytuacjach, ból odchodził na dłużej, czasem na stałe.

Z czasem zauważyłam, że każde traumatyczne wydarzenie wiąże się ze zbiorem poglądów, stworzonych jako mechanizm obronny mający łagodzić dotkliwość tej traumy. Konsekwentnie, jeśli był on skuteczny w przeszłości, mamy skłonność do używania go w kolejnych podobnych sytuacjach. Motywacja towarzysząca powstaniu tego mechanizmu jest często oparta na strachu, kontroli, a czasami na zimnej logice. Raczej rzadko u jego podłoża leży miłość, mądrość i wiedza. Takie mechanizmy obronne powodują zatory w przepływie energii, ograniczają nasze życie, a ciało stara się zwrócić na nie uwagę poprzez ból. Jeżeli ten mechanizm zostanie zmieniony na inny, oparty na bezwarunkowej miłości, to i ból może zniknąć.

Świadome wprowadzenie w życie nowego mechanizmu jest kluczowym elementem w pozbywaniu się bólu na stałe.

Kiedy z kimś pracowałam, musiałam być pewna, że wykonuję to z poczuciem pełnej, bezwarunkowej miłości. To była trudna ścieżka, pełna prób i błędów. Musiałam się nauczyć, jak świadomie kontrolować swoje myśli. Kiedy tylko zaczynały błądzić i się rozpraszać, musiałam je ponownie kierować ku odczuwaniu miłości. Przypominało to relację między ojcem a dzieckiem, czyli moją wyższą świadomością a moim umysłem – bardzo cierpliwy ojciec próbował nauczyć niesforne dziecko dobrego zachowania. Jeśli podchodziłam od niewłaściwej strony – próbowałam osądzać kogoś albo go naprawiać – wchłaniałam zarówno ból, jak i fałszywe przekonania danej osoby. Czasami zajmowało mi kilka dni albo nawet tygodni, żeby uporać się z tym „bagażem". To była wyboista droga. Pracowałam z coraz większą liczbą osób, które może niekoniecznie były przekonane do mojej filozofii, ale pozwalały mi praktykować na sobie, mówiąc: „Nie wiem, co tam opowiadasz, ale masaż jest przyjemny i usuwa ból". Tymczasem moje zrozumienie wzrastało; kawałki układanki zaczynały do siebie pasować i tworzyć całość.

Słuchając opowieści moich klientów, odkryłam ciekawe zjawisko: kiedy masowałam podobne miejsca w ciele u różnych osób, ich historie często miały ten sam wątek. Tak jakby umiejscowienie zapisanych dramatów z życia i mechanizmów obronnych zależało od tego, jakiego typu sytuacji życiowej dotyczą. Na przykład ból w okolicy splotu słonecznego oznaczał zwykle małe poczucie własnej wartości. Ból pośrodku prawego ramienia łączył się przeważnie z braniem na siebie odpowiedzialności zamiast kogoś innego. Nie miało znaczenia, kobieta czy mężczyzna, i obojętne było, skąd pochodzili, ile mieli lat – ból w określonym miejscu był objawem takiego samego silnego przekonania.

POZIOMY ŚWIADOMOŚCI 1–7, CIAŁO I UMYSŁ

Czakry opisywane są zwykle jako wibrujące dyski energii rozmieszczone w konkretnych miejscach w ciele. Moje doświadczenie wskazywało, że czakra to raczej wibracja o określonej częstotliwości, działająca jak częstotliwość nośna, na której zapisana jest nasza świadomość. Przekonanie – czy silna wiara – jest zakodowane w tych obszarach ciała jak głos na fali radiowej. Gdy radioodbiornik jest nastrojony na odbiór jakiejś radiostacji, powiedzmy „Trójki", na częstotliwość nośną w Warszawie 98,8 MHz, mogą być na niej przekazywane różne rodzaje informacji czy muzyki. Na stałe jednak ta częstotliwość zawsze oznacza ten program. Kiedy więc chcesz posłuchać określonej audycji, muzyki lub wiadomości, dostrajasz się do tego właśnie położenia na skali.

Wyobraźmy sobie, że wszystkie nasze poglądy i mechanizmy obronne dotyczące naszego postępowania w rodzinie zapisane są w jednym obszarze ciała, a te dotyczące obcowania w społeczeństwie w innym. Tak właśnie funkcjonują czakry, które ja nazywam „poziomami świadomości". Każdy poziom świadomości zawiera częstotliwość określonych przekonań i poglądów i umiejscowiony jest w obszarze ciała na określonej wysokości kręgosłupa. Z upływem czasu przekonania, problemy, wspomnienia i emocje, związane z konkretnymi doświadczeniami i poglądami, zostają zmagazynowane jako wibracje w poszczególnych częściach ciała należących do danego poziomu.

Trudno mi wyjaśnić, jak skonstruowałam moją skalę mierzenia poziomów świadomości. Jest to efekt wewnętrznego procesu zrozumienia, który postępuje wraz z doświadczeniem. Podobną podróż po zakamarkach świadomości odbywają uczestnicy moich seminariów, warsztatów i sesji, oglądając swój wewnętrzny świat. W następnym rozdziale opisuję, jakie obszary ciała łączą się z różnymi poziomami świadomości, na których przechowywane są przekonania o określonej wibracji, dotyczące różnych aspektów istnienia.

Rysunek 15. pokazuje związek między czakrami, poziomami i pasmami świadomości, odpowiadającymi za konkretne aspekty życia i będącymi jednocześnie odzwierciedleniem sytuacji człowieka w tych aspektach. Poziomy 1–4 korespondują z fizycznymi aspektami życia (pasmo 1). Poziomy 4–7 korespondują z umysłem (pasmo 2). Poziom 4, zawierający czakrę serca, pojawia się w obu pasmach, ponieważ jest to pomost między nimi. Każdy poziom jest równie ważny. Brak równowagi na jakimkolwiek z tych siedmiu poziomów zawsze powoduje, że nie możemy porozumieć się z naszą duszą lub innymi wyższymi poziomami świadomości.

POZIOM 1: RELACJA ZE SPOŁECZEŃSTWEM

Ten poziom jest umiejscowiony u podstawy kręgosłupa, podobnie jak czakra podstawy. Obejmuje okolice miednicy, biodra, pośladki, podbrzusze i czasami nogi. Tu mieści się świadomość fizycznego przetrwania i definicje określające, w jaki sposób znajdujemy nasze miejsce w społeczeństwie. Od tego zależy, jak przeżywamy, odbieramy i sprawdzamy nasze poglądy na temat naszego dopasowania do społeczeństwa w aspekcie etnicznym, pod względem płci, roli i klasy. Czy czujemy się integralną jego częścią, czy też towarzyszy nam poczucie wyobcowania, wyizolowania lub lęku.

POZIOM 2: RELACJE Z RODZINĄ I PRZYJACIÓŁMI

Jest to przestrzeń, która zaczyna się tuż ponad kośćmi biodrowymi i kończy nad pępkiem. Tu gromadzą się nasze poglądy na temat bliskich relacji z ważnymi osobami w naszym codziennym życiu: rodziną, przyjaciółmi, współpracownikami. Tu ćwiczymy również proces rodzenia się pomysłów i określamy, jak zapewnić sobie bezpieczeństwo finansowe.

POZIOM 3: POSTRZEGANIE SAMEGO SIEBIE

Ten obszar ciała, zaczynający się poniżej talii i obejmujący najniższe żebra, jest powiązany z poczuciem własnej wartości i definiowaniem, kim jestem. Tu gromadzą się poglądy na temat własnej osoby: jak postrzegam siebie, jak porównuję się z innymi i co myślę o tym, jak widzą mnie inni. Na tym poziomie ciała są zakodowane opinie na temat własnej wartości, samoakceptacji (albo jej braku) czy zasługiwania na miłość, a także obraz własnego położenia w świecie fizycznym.

POZIOM 4: ZROZUMIENIE MIŁOŚCI

Świadomość poziomu 4, w okolicy serca, klatki piersiowej i rąk, odnosi się do miłości – czy w ogóle i jak bardzo jesteśmy na nią otwarci i czy umiemy dawać ją i otrzymywać. Często zapamiętane są tu nasze mechanizmy obronne, które mają „ochronić serce przed zranieniem". Warto tu zadać pytanie: „Jakie jest prawdziwe znaczenie miłości i czy jest ona bezpieczna?". Chodzi o zrozumienie, że bezwarunkowa miłość nigdy nie rani, niezależnie od tego, w co wydarzenia w naszym życiu każą nam wierzyć.

POZIOM 5: ZROZUMIENIE WOLNEJ WOLI

Jest to obszar ramion, gardła, dolnej szczęki i podstawy czaszki. Odnosi się do poglądów dotyczących zrozumienia wolnej woli i tego, w jaki sposób komunikujemy to naszemu otoczeniu i w ogóle światu zewnętrznemu. Jest to zdolność do przyzwalania innym, by wyrażali swoje uczucia, i do otwartego, rzetelnego komunikowania własnych prawd. To równowaga, która oznacza, że jest się asertywnym, ale nie rozkazującym, słyszanym, ale nie kontrolującym, a także mądrość, która pozwala dać innym przestrzeń na dorastanie i doświadczanie.

POZIOM 6: POSTRZEGANIE CAŁOŚCI OBRAZU

Zaczyna się od górnej szczęki i kończy na linii czoła. Często nazywany jest „trzecim okiem". Świadomość poziomu 6 to szukanie zrozumienia szerszej perspektywy i sensu życia. Ten poziom wiąże się ze zrozumieniem osobistego i zbiorowego doświadczenia, z przeczuwaniem intuicyjnym i pojmowaniem karmicznych praw przyczyny i skutku.

POZIOM 7: WROTA DO DUSZY

Obejmuje górną część głowy i są to wrota do wyższej świadomości. Tu następuje połączenie ciała i umysłu z duszą. Na tym poziomie zyskujemy zdolność dostrojenia się do częstotliwości wszechświata, gdzie otrzymujemy przewodnictwo, wiedzę i mądrość.

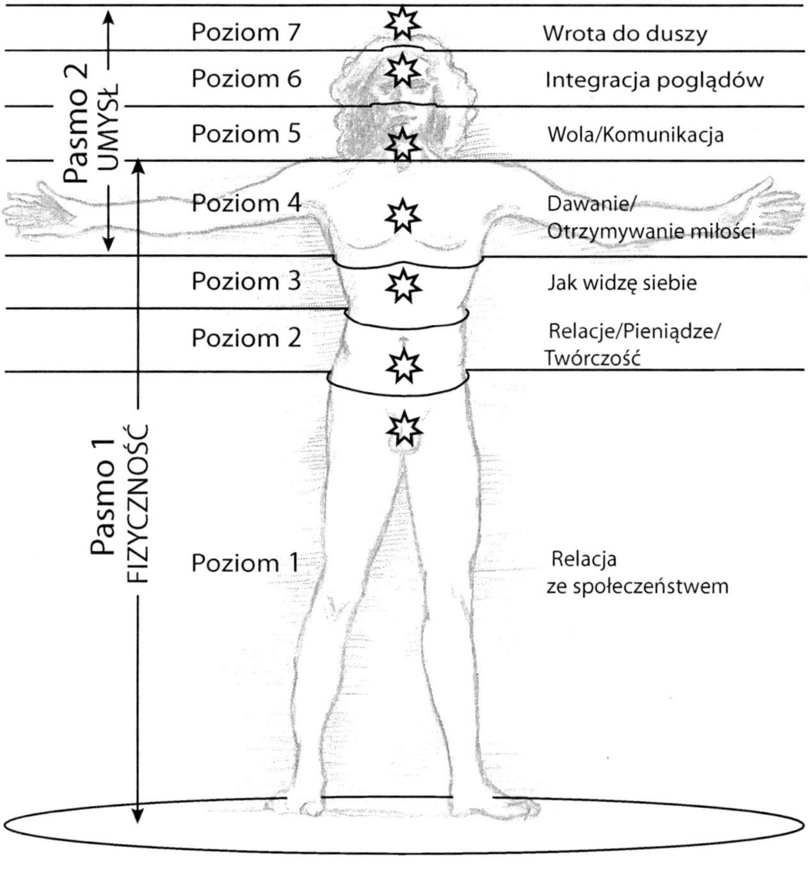

Rys. 15. Relacja między siedmioma podstawowymi czakrami i pierwszymi siedmioma poziomami świadomości.

PODSUMOWANIE PIERWSZYCH SIEDMIU POZIOMÓW.

Miesiące zmagań z włókniakiem spowodowały wielką zmianę w mojej percepcji i zdolnościach. Ogromną pomocą były medytacje z wizerunkiem z całunu turyńskiego, które pokazały mi nowy sens życia. Miłość i ból objawiły swoje nowe znaczenia. Masując obszary napięcia i bólu u ludzi i słuchając ich historii, potrafiłam pomóc im odkryć drogę do przepracowania traumy i przemiany dawnych, tkwiących w nich przekonań na inne, które usuwały ból i cierpienie. Wystarczyło tylko przyjrzeć się tym przekonaniom w przestrzeni miłości i stworzyć nowe wnioski i nowe wyjście z sytuacji.

Kiedy wykształciłam w sobie zdolność odczytywania wibracji w ludzkim ciele i rozumienia, co one znaczą, zdałam sobie sprawę z istnienia różnych poziomów świadomości, podobnych do stopni na naszej drodze do wiedzy, mądrości i zrozumienia. Obszary ciała kodujące te poziomy pokrywały się z podstawową wiedzą o znaczeniu i ułożeniu czakr – z tym wyjątkiem, że według moich obserwacji pamięć zakodowana była w każdej komórce ciała.

Wibracje o określonej częstotliwości przenoszą informacje o konkretnym aspekcie życia. Te wibracje nazywam poziomami świadomości, bo reprezentują poglądy od „najniższych" do „najwyższych". Im bardziej świadomi jesteśmy tych poglądów i wiemy o ich istnieniu, tym łatwiej możemy je przekształcić i tym szybciej zachodzi proces leczenia.

I u siebie, i u innych ludzi zauważyłam, że kiedy pierwsze siedem poziomów świadomości pozostaje w równowadze, wtedy możemy się otwierać na wyższe poziomy, a pochodząca z nich mądrość szybciej i łatwiej staje się dostępna. To tak jakbyśmy nagle uzyskali dostęp do całej wiedzy Internetu.

NOWE PRZEKONANIA

- *Świadomość to spektrum przekonań, jak spektrum fal, poczynając od „niższych" poziomów, związanych z codziennym życiem, a kończąc na „wyższych poziomach", związanych z uniwersalnymi poglądami dotyczącymi całości egzystencji ludzkiej.*
- *Rozumienie i traktowanie z miłością problemów, jakich doświadczamy w ciele, może być znacznie bardziej skuteczne niż walka z nimi albo złość, z jaką staramy się „zabić" chorobę.*
- *Ból to wartościowe źródło informacji. Pojawia się, żeby zwrócić naszą uwagę na problem w ciele i zdemaskować fałszywe mechanizmy obronne. Pomaga nam zobaczyć, które obszary ciała wymagają naszej troski, aby mogły zostać uleczone.*
- *Ciało to wielka przechowalnia wspomnień. Nasze przekonania i mechanizmy obronne są zakodowane i przechowywane w konkretnych miejscach w ciele.*
- *Mogę obserwować przepływy energii w czyimś ciele, przyglądając się z zewnątrz wibracjom poszczególnych części ciała.*
- *Mogę obserwować siedem poziomów świadomości odpowiadających siedmiu czakrom według tradycji hinduskiej.*

WEŹ GŁĘBSZY ODDECH, TERAZ CHWILA DLA CIEBIE

- Czy teraz odczuwasz jakiś ból w ciele?
- Popatrz na rysunek 16. i zastanów się, czy na podstawie tego, w jakich partiach twojego ciała pojawia się ból, możesz określić te dziedziny życia, które wymagają twojej uwagi.
- Jak długo już odczuwasz ten ból?
- Jakie sytuacje wzmagają ból czy napięcie w twoim ciele?

Rozdział 6

PASMO 3: INDYWIDUALNA ŚWIADOMOŚĆ DUSZY

MARZEC 1996 – CZERWIEC 1996, PARK NARODOWY YOSEMITE

Oświecenie to nie wyobrażanie sobie figur ze światła, ale uświadamianie sobie rejonów ciemności.

Carl Gustav Jung

YOSEMITE

Wiosną 1996 roku wyjechałam w podróż służbową do Kalifornii. Po kilku dniach w San Francisco i Sacramento miałam przez następny tydzień być w Los Angeles. Między spotkaniami służbowymi postanowiłam spędzić weekend w Yosemite Valley. Było to miejsce o szczególnej energii, kolejne z wymienionych w książce *Studia nad aurą ludzką*. Byłam całkowicie zauroczona energią góry Half Dome.

Jeszcze ciekawszego doświadczenia dostarczyła mi rzeka Merced. Śnieg w dolinie zaczynał się topić, więc wodospad i rzeka były nabrzmiałe od wody. Kilkaset metrów od wodospadu rzeka była już tak wartka i miała taką moc, że bałam się podejść do brzegu bliżej niż na kilka metrów. Moc rzeki była hipnotyzująca. Czułam, że jeśli bardziej się zbliżę, to mnie wchłonie. Znowu musiałam dokonać wyboru pomiędzy mocą wody a mocą miłości.

Medytowałam w obu miejscach, ale z powodu śniegu nie mogłam zagłębić się zbyt daleko w park. Bardzo chciałam tam jeszcze kiedyś wrócić i szczęśliwie mi się to udało kilka miesięcy później.

WIĘCEJ NIŻ SIEDEM

W czasie mojej drugiej podróży medytowałam na południowym krańcu parku Yosemite, w ogromnym rezerwacie starych gigantycznych sekwoi. Siedziałam w środku koła uformowanego przez kilka wielkich, rosnących blisko siebie drzew i poczułam się tak, jakbym była jednym z nich i jakbym widziała świat z ich punktu widzenia. To było bardzo piękne uczucie powiązania i jedności z całym dziełem Stwórcy, ale następnego wieczoru przyszło nagle niesamowite uczucie opuszczenia i izolacji, które utrzymywało się przez kilka dni. Miałam wrażenie, że zostałam zrzucona tu na Ziemię i pozostawiona całkowicie sama sobie. Wróciłam znowu do modlitwy i medytacji i wtedy przyszło zrozumienie, że jestem czymś więcej niż ciałem i umysłem. Poczucie izolacji i osamotnienia to iluzja, która jest wynikiem braku połączenia ciała i umysłu z duszą. Moja dusza nie jest samotna, ale jest połączona ze znacznie silniejszą mocą.

Kiedy poczucie powiązania wróciło, byłam zdolna rozpoznać, że istnieje dziewięć dodatkowych poziomów świadomości, wykraczających poza te siedem, które znałam dotychczas. Podczas gdy moje ciało i umysł czuły się tak bardzo oddzielone, ja, to znaczy moja dusza, miałam możliwość podjęcia swobodnej decyzji, aby wyjść dużo dalej poza to ograniczenie. Pierwszy raz poczułam, że nie jestem oddzielona od Boga. Tkwiące we mnie przekonanie, że Bóg nas karze, nie jest prawdą. Przeciwnie, Bóg jest miłością. To, co uważałam za karę, było projekcją moich własnych poglądów na życie i nie miało nic wspólnego z Bogiem.

Zauważyłam wtedy, że u progu otwierania się na nowy poziom zrozumienia przychodziło zawsze jakieś wielkie wyzwanie. Kiedy znajdowałam się w tym nowym obszarze zrozumienia, najpierw musiałam skonfrontować się z moją ciemną stroną i przezwyciężyć ją, aby pójść dalej. Musiałam stanąć twarzą w twarz z poważnym konfliktem lub problemem w moim życiu. W tamtym czasie było to właśnie poczucie samotności i opuszczenia oraz przeświadczenie, że muszę się uporać z tym wszystkim sama. Musiałam dojść do wniosku, że „nie jestem sama". Wymagało to przypominania sobie wciąż i wciąż na nowo, że moja dusza jest powiązana z czymś większym, aż wreszcie ciało, umysł i dusza zgodziły się z tym poglądem, mogłam go przyjąć jako moją nową prawdę życiową i wdrożyć w codzienne postępowanie.

PROGI DO POKONANIA

Wróciłam do domu i obserwując siebie i innych ludzi, zaczęłam sprawdzać mój nowy poziom zrozumienia. Zauważyłam, że warunkiem uzyskania dostępu do wyższych poziomów jest zrównoważenie w danym momencie wszystkich siedmiu niższych poziomów świadomości.

Te momenty równowagi nie były jednak trwałe. Kiedy równowaga ulegała zachwianiu, idea jedności wydawała mi się zupełnie nierealna – była jak nieprawdopodobny sen, a nie jak prawdziwe doświadczenie. Upłynęło trochę czasu, zanim pojęłam, że chociaż nie mogę utrzymać poczucia równowagi stale, to mogę odzyskiwać je wciąż od nowa poprzez modlitwę, medytację, słuchanie odpowiedniej muzyki albo bliski kontakt z przyrodą. Zaczęłam też obserwować, co spowodowało utratę równowagi. Czas pomiędzy jej utratą a uświadomieniem sobie tego stawał się coraz krótszy. Za każdym razem powrót był coraz łatwiejszy, a okresy przebywania w stanie równowagi coraz dłuższe. Podczas gdy na początku były tylko krótkie momenty tego radosnego spokoju, teraz powoli stawało się to normą.

ZMIANA PARADYGMATU

Przez wiele lat moim mottem życiowym było kartezjańskie: „Myślę, więc jestem". Byłam moim umysłem w ciele. Za pomocą umysłu mogłam obserwować moje ciało i życie wokoło. To przekonanie było zgodne z dominującą w zachodnim myśleniu definicją ego. Człowiek jest bytem, który używa ciała do tego, żeby wykonywało idee umysłu. Teraz, gdy zaczęłam obserwować swoje myślenie, pojawiło się pytanie: „Kto jest obserwatorem?". Nazwałam to duszą. Tak więc moje ciało miało nie tylko umysł, ale także i duszę.

Podążałam za tą interpretacją przez jakiś czas, ale wiele pytań pozostawało bez odpowiedzi, na przykład: „Jaki jest w tym sens, że świadomość zamieszkuje w ciele?". Aż pewnego razu, podczas kolejnej medytacji, zrozumiałam, że jest odwrotnie: nie jestem ciałem, które ma duszę, ale duszą, która ma ciało – ciało, przez które doświadczam, uczę się, przekształcam swoje poglądy i dzięki temu rozwijam świadomość. Czytałam, że dusza odchodzi, kiedy ciało umiera. A więc dusza jest czymś wiecznym wewnątrz mnie. Wtedy zobaczyłam, że wszystkie wydarzenia w moim życiu miały jakiś cel. Od tego momentu przestałam postrzegać siebie jako ofiarę losu i okoliczności. Zaczęłam natomiast zadawać sobie pytanie: „Czego każda z tych sytuacji ma mnie nauczyć?". Mój umysł stawał się łącznikiem między ciałem i duszą. Miało to nareszcie jakiś sens. Jestem tu, by rozwijać świadomość, usuwać ograniczenia, zrozumieć prawdę i stać się świadomym twórcą własnego życia.

Najpierw słowo „dusza" zaczęło znaczyć to samo co świadomość. Ale później, dzięki dalszej pracy z ludźmi, stopniowo utwierdzałam się w przekonaniu, że dusza, ciało i umysł są tylko odmiennymi przedziałami wibracji w spektrum świadomości.

Z PUNKTU WIDZENIA DUSZY

Wiedza o następnych poziomach świadomości, powyżej tych siedmiu pierwszych, przyszła do mnie w procesie medytacji i była wspierana przez moje doświadczenia z ludźmi. Wiedziałam już, że istnieje coś takiego jak indywidualne poziomy świadomości, i musiało upłynąć znowu trochę czasu, zanim zaczęłam rozumieć istotę każdego z nich.

Każdy z poziomów 1–7 ma osobną wibrację lub częstotliwość, ale powyżej poziomu 7 pojawiają się jakby pasma wibracji, obejmujące więcej niż jeden poziom czy częstotliwość. Pasmo poziomów świadomości 8–16 zawiera przekonania dotyczące tego, czym jest dusza. Na tym etapie po raz pierwszy zobaczyłam siebie jako świadomość, która obserwuje mój umysł i ciało – świadomość świadomą samej siebie. A więc nie jestem tylko sumą myśli, uczuć, pragnień i doświadczeń, ale potrafię spojrzeć na siebie bardziej obiektywnie.

Gdyby użyć analogii z osobistym komputerem, to na poziomach 1–7 używałabym wiedzy zapisanej na jego wewnętrznym dysku. Bez względu na to, jak rozległa jest ta wiedza, mam dostęp tylko do moich danych na twardym dysku. Od poziomu 8 zaczyna się coś więcej – zaczynam mieć dostęp do sieci na całym świecie. Mogę dotrzeć do informacji, która znacznie wykracza poza dane zawarte na moim twardym dysku. Mogę spojrzeć z szerszej perspektywy na własne życie, jak również na naturę i cel życia wokół mnie.

Ta otwierająca się możliwość była fascynująca, jednak nowa wiedza wydawała się tak rozległa, że nie wiedziałam, od czego zacząć. Ogrom dostępnych informacji na każdy temat zdezorientował mnie zupełnie, tak jak zagubiona czuje się osoba używająca po raz pierwszy Internetu. Żeby skutecznie skorzystać z tej wiedzy, trzeba zawęzić poszukiwania do tego zagadnienia, które nas w tej chwili najbardziej interesuje. Dowiedziałam się więc, że aby otrzymać użyteczną informację, muszę się dostroić do mojego przewodnika i zadawać konkretne pytania. Przeczytałam wiele książek i wysłuchałam licznych wykładów, co znacznie wzbogaciło mój zasób informacji, ale uczucie zagubienia wciąż pozostawało. Aby pozwolić duszy na użycie tej wiedzy, najpierw musiałam być w pełni obecna w ciele, z umysłem otwartym i gotowym na nową wiedzę dotyczącą konkretnej sprawy. Musiałam się poddać w danej sytuacji przewodnictwu duszy i zaufać, że skontaktuje mnie z szerszą wiedzą. Tylko wtedy mogła się pojawić użyteczna informacja jako odpowiedź na moje pytania.

Muszę wyznać, że czasami otrzymywałam przewodnictwo nie takie, jakiego bym sobie życzyła. Czasem nie chciałam go zaakceptować. Ale w końcu musiałam przestać szukać wymówek i wziąć odpowiedzialność za swoje działania. Niekiedy było to zmierzenie się z problemami, z którymi akurat nie miałam ochoty się zmierzyć, i podejmowanie ich nie zawsze było po mojej myśli.

Wznoszenie się do coraz wyższych poziomów wymagało ode mnie czasami wielkiej zmiany. Chcąc nauczyć się czegoś nowego, musiałam na przykład pokonać silną blokadę albo bardzo ograniczający punkt widzenia. Aby przejść do trzeciego pasma, musiałam pozbyć się myśli, że jestem oddzielona od Boga. To właśnie po tym, jak poczułam się tak bardzo oddzielona i samotna w Yosemite, i dzięki medytacji przebrnęłam przez to i zdobyłam nowe przekonanie, że jestem zawsze związana z Bogiem, nie zaś porzucona na Ziemi, żeby odkrywać wszystko sama.

Każdy nowy światopogląd otwierał nowy poziom świadomości. Każdy następny był zbudowany na poprzednim na zasadzie naturalnego rozwoju – podobnie jak kwiat, który wyrasta z nasiona, wypuszcza pączki i liście, a potem w pełni rozkwita. Każdy etap był wyjątkowy, ale żaden nie mógł się obyć bez poprzedniego. Na początku, nawet kiedy już zdobyłam równowagę na siedmiu początkowych poziomach i połączyłam się ze świadomością duszy, często ponownie ją traciłam. Trzeba ją było wtedy odzyskać i powrócić, chwila za chwilą, sytuacja za sytuacją, do poprzedniego stanu.

Poprzez te liczne powtórzenia powrót był za każdym razem coraz szybszy i łatwiejszy. Inną korzyścią tego połączenia z duszą była zdolność widzenia poziomu indywidualnej świadomości duszy u innych ludzi.

Rys 16. Pasmo 3: Świadomość indywidualnej duszy.

PODSUMOWANIE PASMA 3

Pasmo 3 obejmuje rozumienie samego siebie, naszej indywidualnej duszy, istnienia wyższej świadomości i powiązania z nią. Odkrycie innych poziomów świadomości, oprócz pierwszych siedmiu, otworzyło mnie na wiedzę o świecie poza moim ciałem i umysłem. Dotąd podchodziłam do świata z perspektywy ego i świadomych myśli. Nagle zaczęłam widzieć swój umysł za pomocą duszy. Nie było to łatwe. Wymagało skonfrontowania się z wieloma przekonaniami, które zgromadziłam w ciele przez całe lata, i przyjrzenia się, które z nich były prawdziwe, a które nie.

NOWE PRZEKONANIA

- *Umysł może obserwować ciało, a dusza może obserwować umysł.*
- *Jest więcej niż siedem czakr/poziomów świadomości.*
- *Wyższe poziomy świadomości stają się dostępne tylko wtedy, gdy siedem niższych pozostaje w równowadze.*
- *Mogę na chwilę utracić równowagę i połączenie z duszą, ale im częściej go doświadczam, tym łatwiej i szybciej mogę je odzyskać.*
- *Aby utrzymać pożyteczne przewodnictwo z poziomu duszy, muszę skupić się na pytaniu lub problemie z wiarą i zaufaniem, w stanie otwartego umysłu, nawet kiedy odpowiedź podważa moje przekonania i niekoniecznie wygląda tak, jak bym sobie życzyła.*
- *Jestem tutaj, aby rozszerzać świadomość, usuwać ograniczenia, starać się dotrzeć do rozumienia prawdy i stać się świadomym twórcą własnego życia.*

WEŹ GŁĘBSZY ODDECH, TERAZ CHWILA DLA CIEBIE

- Czy obserwujesz swój umysł i to, jak działa?
- Jakie masz metody połączenia się ze swoją wewnętrzną mądrością?
- Co pomaga ci odzyskać równowagę, kiedy ją stracisz?

Rozdział 7

PASMO 4: ZBIOROWA LUDZKA ŚWIADOMOŚĆ

CZERWIEC 1996 – GRUDZIEŃ 1998, ROCHESTER, NOWY JORK

Cuda przeczą nie naturze, ale temu, co o niej wiemy.
św. Augustyn

MOJE WGLĄDY I ODKRYCIA PRZENIESIONE DO ŻYCIA KORPORACYJNEGO

W połowie lat dziewięćdziesiątych pracowałam w mojej korporacji w dziale marketingu. Składaliśmy raporty starszemu wiceprzewodniczącemu, a każdy członek mojego zespołu sam był swego czasu wicedyrektorem. Poza mną. W dodatku teraz byłam już jedyną kobietą w tym zespole. Nie muszę mówić, jak trudno było mi zostać usłyszaną i przebić się z moimi uwagami na temat tego, co potrzebne jest naszym klientom i sprzedawcom.

Po moim doświadczeniu z rottweilerami stosowałam tę samą metodę w różnych trudnych sytuacjach: głęboko wewnątrz siebie powtarzałam modlitwę „Ojcze nasz" jak mantrę, bez przerwy, aż do skutku. To zawsze działało. Ta modlitwa symbolizowała dla mnie połączenie z bezwarunkową miłością. Zawsze gdy czułam się zagubiona lub przerażona albo kiedy potrzebowałam ukierunkowania i wsparcia, powtarzałam słowa modlitwy od początku do końca i znów od nowa – to było jak muzyka w tle. Brzmiało to nie jak magiczny zaśpiew, ale inaczej – starałam się zarówno w ciele, jak i w duszy być w pełni świadoma znaczenia, mocy i wagi każdego słowa. Starałam się zintegrować znaczenia z moim bytem i pozwolić silnej wibracji tej modlitwy być wewnątrz mnie. Jeśli uchroniło mnie to przed atakiem psów, to czy mogło mnie również uchronić przed atakami w miejscu pracy? Tak, też działało! Było to zadziwiające, jak ludzie dokoła stawali się zrelaksowani i często odpuszczali swoje ataki, gdy tylko osiągałam ten rezonans z miłością i współodczuwaniem. Czułam, że jestem prowadzona i że otrzymuję wskazówki, co mam zrobić, co powiedzieć. Dostawałam tę wiedzę intuicyjnie, spoza umysłu.

Czasami, doświadczając takiego wglądu, nie miałam wystarczającego pokrycia na moje teorie. Ubierałam w słowa ideę, która przychodziła do mnie w odpowiedzi na prośbę o przewodnictwo, i początkowo od razu ją kwestionowano. Koledzy drwiąco pytali: „Jakie masz dane, żeby to udowodnić?" i nie chcieli zaakceptować mojego pomysłu bez badania rynku czy tabel i arkuszy kalkulacyjnych. Dopiero po paru miesiącach okazywało się, że to właśnie była najlepsza opcja poradzenia sobie z daną sytuacją.

Praktykowałam „bycie miłością" nie tylko w czasie pracy, ale też w normalnym codziennym życiu. Dla jasności: to nie przychodziło automatycznie. Wymagało świadomego wysiłku. Stosowałam to niezbyt często, ale zawsze, gdy tylko miałam możliwość wyłączyć się, choćby na krótko, z codziennego „wyścigu szczurów". Dużo podróżowałam służbowo, więc gdy czekałam na samolot, obserwowanie pasażerów było dobrą okazją do tej praktyki. Kiedy pozostawałam w przestrzeni miłości, ludzie byli bardziej uprzejmi i często zaczynali ze mną rozmawiać, a kiedy ciągle byłam pod wpływem stresu po właśnie zakończonym zebraniu – rzadko się do mnie odzywali.

Podczas gdy szło mi to całkiem łatwo z obcymi ludźmi albo z pojedynczymi osobami w pracy, było to wręcz niemożliwe do zastosowania na comiesięcznych całodniowych nasiadówkach naszego zespołu. Czasami potrafiłam utrzymać wibrację miłości do południa. Czasem dłużej. Ale nigdy nie wytrzymywałam do końca spotkania. Moje ego wciąż wplątywało się w korporacyjne przepychanki.

LEKCJE Z KONFLIKTÓW ZAWODOWYCH

Częste zebrania w pracy stały się dobrą okazją do obserwacji i nauki. Fakt, że z jednej strony widziałam energię osób robiących prezentacje, a z drugiej strony reakcje uczestników spotkań powodował, że duże zebrania biznesowe były prawdziwą kopalnią wiedzy o zachowaniu grup. Na przykład, jeśli prezenter miał jakąś blokadę albo słabość w ciele, którą widziałam jako dziurę w aurze, to wszyscy reagowali tak, jakby w dziwny sposób to wiedzieli. Coś skłaniało ich do zadawania pytań uderzających właśnie w te wrażliwe miejsca i zmagazynowane tam emocje. Tak jakby ich celowniki były ustawione dokładnie na ten punkt. Z początku oceniłam to jako okrutne, ale potem zrozumiałam, że na głębszym poziomie ludzie reagowali podświadomie na tę wrażliwość i słabość, żeby zwrócić uwagę danej osoby na problem, który ma zostać wydobyty na światło dzienne i przetworzony. Jeśli prezenter był otwarty na te uwagi, to, co wydawało się okrutne, było raczej darem dla niego – bo zyskiwał wiedzę, co należy zmienić.

Od tamtej pory po każdym zebraniu, kiedy stawałam się obiektem ataku, wracałam do domu i powtarzałam w moim bezpiecznym otoczeniu: „Dziękuję Bogu za...” – i tu wstawiałam imię tego, kto celował najlepiej i miał dla mnie największy emocjonalny kuksaniec. Czasem po kilku minutach, a czasem po kilku godzinach, w środku nocy – kiedy rzeczywiście byłam szczerze wdzięczna za obecność tej osoby i mogłam spojrzeć na nią z miłością – potrafiłam zobaczyć, czego ma mnie nauczyć ta sytuacja. Mgła nagle opadała, a ja poznawałam jakąś część siebie.

Bardzo pomocne były też słowa modlitwy: „i odpuść nam nasze winy, jako i my odpuszczamy naszym winowajcom”. Wypowiadałam je wtedy, gdy ktoś bardzo mi zalazł za skórę i bardzo go winiłam i oceniałam. Powtarzanie tych słów pozwalało mi zrozumieć, że to, co przeszkadza mi u kogoś, jest właśnie tym, czego nie akceptuję u siebie. Współodczuwanie i przebaczenie tej osobie pomagało mi uporać się z tym samym problemem we mnie.

LINIOWE UŁOŻENIE PLANET

16 czerwca 1996 roku nastąpiło liniowe ułożenie planet, obejmujące Słońce, Księżyc, Merkurego, Wenus, Marsa i Plutona. Chociaż wtedy nie wiedziałam o tej rzadkiej konfiguracji planet w Układzie Słonecznym, poczułam w ciele, że wydarzyło się coś ważnego.

Tego dnia nastąpił przełom w moim rozumieniu świadomości. Tak jakby nadawano specjalny program telewizyjny, informujący o zasadach procesów karmicznych. Otworzyło się we mnie następne pasmo świadomości. Dotarłam do poziomu 44. Kwintesencją tej wiedzy było zrozumienie, że wszystko wydarza się z jakiegoś powodu i jest perfekcyjnie wyreżyserowane, tak abyśmy mieli szansę na przeżycie sytuacji oraz zrozumienie i przekształcenie swoich przekonań.

W tym czasie przychodziło do mnie wielu ludzi, którzy właśnie dotarli do punktu zwrotnego w życiu – wydarzało się coś, co już nie pozwalało im podążać dalej tą samą drogą, i musieli wprowadzić zmiany. Wyglądało na to, że ułożenie planet miało silny wpływ nie tylko na mnie. Wywnioskowałam stąd, że wszystko dzieje się we właściwym czasie, a wydarzenia skłaniają nas do zmiany kierunku, byśmy mogli przezwyciężyć stagnację i uczynić następny krok na drodze duchowej.

KŁOPOTY NADCHODZĄ FALAMI

Zaczęłam wtedy dostrzegać dalsze powiązania: nie tylko wszystko dzieje się z określonego powodu, ale także wszystkie sytuacje mają przyczynę i skutek. Wiele osób pojawiało się u mnie z tymi samymi problemami w tym samym czasie. Szczególnie trzy typy problemów nadchodziły falami. W pewnym okresie były to problemy związane z nadużywaniem władzy. Potem – sprawy związane ze strachem czy lękiem. Jeszcze później przychodzili ludzie z różnymi typami uzależnień: od związków, od leków, od narkotyków, ale też od cukru czy alkoholu. Widziałam w tym powiązanie ze zmianami w wibracji ziemskiej, która wydawała się wywierać znaczny wpływ na zbiorowe ludzkie doświadczenie.

Od tamtej pory mogłam też czuć wibrację Ziemi jako całości. Z jakiegoś nieznanego mi jeszcze powodu zmieniała się co parę dni. Próbowałam wypytać znajomych astrologów, ale żaden nie umiał mi wykreślić horoskopu dla Ziemi.

W tym czasie na moich sesjach wystąpiło też inne nieoczekiwane zjawisko: ludzie doświadczali spontanicznego regresingu. Przedtem albo ja nie bardzo byłam gotowa im w tym towarzyszyć, albo też oni nie mieli dostępu do tego rodzaju informacji. Nagle jednak okazało się, że możemy wspólnie przeżywać te niezwykłe doświadczenia.

WSPOMNIENIA PRZESZŁYCH WCIELEŃ

Pewnego dnia przyjaciel polecił mnie jakiejś pani, której wcześniej nie znałam. Pracowałam nad przepływem energii w kilku miejscach po lewej stronie jej ciała, kiedy zaczęła mi opowiadać o swoim dzieciństwie. Potem zajęłam się jej lewą nogą, gdzie również odczuwała ból. Kiedy masowałam jej nogę, nagle zaczęła mi opowiadać, jak była żołnierzem podczas wojny domowej i właśnie została zraniona kulą. Widziałam straszne emocje na jej twarzy i słyszałam strach i przerażenie w jej głosie. Opisywała nieznośny ból, utratę krwi i to, co działo się dokoła. Szczegóły i wyrazistość tej opowieści były niesamowite. Jeszcze dziwniejsze było dla mnie to, że kobieta teraz przeżywała tak żywo te wszystkie emocje. Siedziałam cicho i słuchałam, a ona mówiła tak, jakby to była historia z jej obecnego życia. Potem otrzymałam wskazówkę, jak przeprowadzić tego żołnierza przez doświadczenie śmierci. Po sesji kobieta powiedziała mi, że odczuwała ten ból w nodze, odkąd sięga pamięcią, i w ogóle nie wie, skąd się wziął. Teraz zniknął.

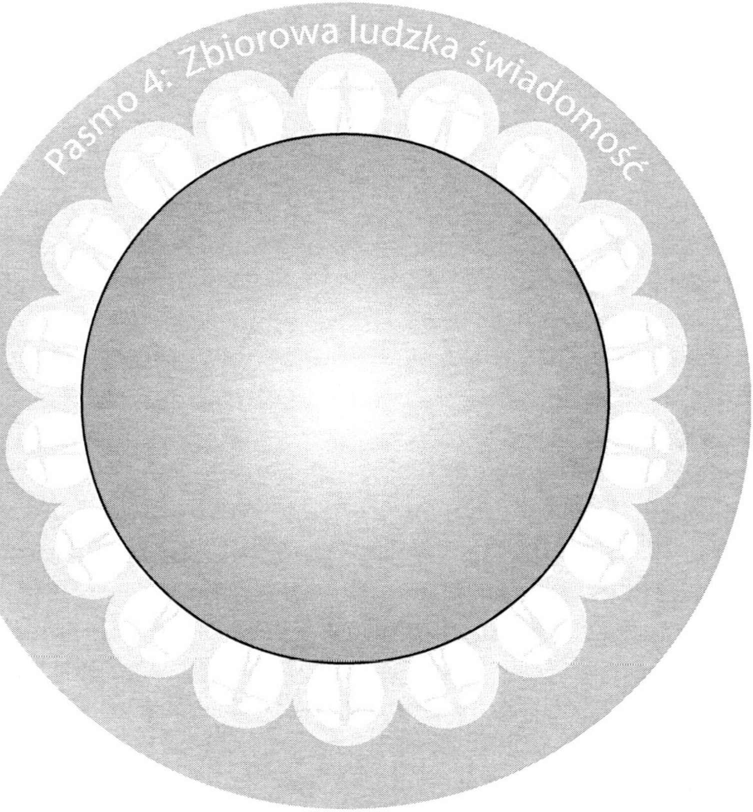

Rys. 17. Pasmo 4: Zbiorowa ludzka świadomość.

Nie mogło mi się to pomieścić w głowie. Jak to możliwe, żeby trauma z poprzedniego życia (jeśli takie jest) manifestowała się w obecnym ciele? Dlaczego ból zniknął, kiedy odświeżyłyśmy pamięć i pomogłyśmy duszy przejść przez próg śmierci? Czyżbyśmy rozwiązały jakiś problem z innego wcielenia? To było pierwsze z wielu doświadczeń z poprzednimi wcieleniami.

Innym razem przyjaciel prosił mnie o sprawdzenie, co się w nim dzieje i jakie jest podłoże sytuacji, kiedy próbuje rozpracowywać jakiś problem życiowy. Odbyliśmy fascynującą podróż przez kilka wcieleń i przez kolejne odsłony różnych przekonań i poglądów. Widzieliśmy, jak jedno z jego przekonań przemieszczało się przez kolejne wcielenia, patrzyliśmy, czego się mógł nauczyć za każdym razem i jak to przekonanie przejawiało się w jego obecnym życiu. Od czasu do czasu pytałam tylko: „Skończyłeś?", a on na to: „Nie, pozwól mi się jeszcze trochę przyjrzeć". To trwało cztery godziny i zupełnie nas obydwoje wykończyło.

Nie wiedziałam zupełnie, co zrobić ze wspomnieniami z poprzedniego życia. Zostałam wychowana w katolickiej rodzinie i nie byłam pewna, czy w to wierzę. Ale zaczęło się to zdarzać coraz częściej, zaskakując intensywnością emocji zarówno mnie, jak i moich klientów. Któregoś dnia przyjaciółka poprosiła mnie o masaż, bo czuła różne bóle. Kiedy ją masowałam, zaczęła opowiadać – bez żadnej zachęty z mojej strony – jak w dzieciństwie zachorowała i musiała zostać w szpitalu, po raz pierwszy bez swojej mamy. Kiedy zakończyła ten temat, nagle powiedziała, że jest teraz silnym, mściwym wojownikiem z wielkim mieczem. Raptem złapała się na tym, co mówi, i oświadczyła: „No, ale ja w to nie wierzę!". Po czym natychmiast wróciła do historii o wojowniku. Najśmieszniejsze było to, że co kilka zdań wtrącała: „Ale ja w to nie wierzę!" – przez całą sesję. Widać jednak rozwiązała jakiś swój problem, który miała jako wojownik, bo ból zniknął.

INTEGRACJA REGRESINGÓW Z MOJĄ ŚWIADOMOŚCIĄ

Będąc świadkiem regresingów, nauczyłam się bardzo wiele o przekonaniach i ich ewolucji. Fascynujące było obserwować, jak to samo problematyczne przekonanie jest przerabiane z wielu stron i pod różnym kątem widzenia w ciągu wielu wcieleń. Za każdym razem ludzie próbowali odmiennego podejścia, mając nadzieję osiągnąć inny wynik. Na przykład ktoś, kto żywi silne przekonanie: „Muszę być doskonały, aby być kochany", zawsze będzie znajdował coś, za co musi winić siebie, coś, co przegrał, zepsuł albo w czym nie był całkiem doskonały. Taki pogląd może być przerabiany w czasie wielu inkarnacji, zanim ktoś nareszcie zrozumie, że zasługuje na to, żeby być kochany. Ostatecznie może sobie wreszcie pozwolić na przyjmowanie miłości, mając pełny obraz konsekwencji wszystkich innych dróg. Przeszłe doświadczenia mogą być czasami bardzo pomocne w znalezieniu lepszych rozwiązań teraz, w tym życiu.

Na podstawie tych obserwacji zrozumiałam, że karma to obecny zestaw przekonań i poglądów, ich suma czy zbiór. Karma to nie kara, to lekcja; coś do przeżycia, zrozumienia i przetworzenia. Pojedynczy karmiczny pogląd może być rozwiązany w ciągu jednego dnia, jednego miesiąca, jednego życia albo po wielu wcieleniach. Uwolnienie się od karmy to przetworzenie fałszywego poglądu poprzez przyjrzenie mu się w świetle bezwarunkowej miłości, aż stanie się koherentny z uniwersalną prawdą, czyli światłem.

POWIĄZANIA POMIĘDZY LUDŹMI

Tworzyło się nowe zrozumienie. Nie tylko docierałam do poprzednich wcieleń ludzi, którzy do mnie przychodzili, ale mogłam także widzieć związki danej osoby z ważnymi dla niej osobami, żyjącymi bądź nie. Zaczynałam rozumieć, że wbrew powszechnemu przekonaniu, nierozwiązane problemy między ludźmi nie kończą się wraz ze śmiercią jednej z osób, ale pozostają przeszkodą dla tego, kto pozostał. Jesteśmy powiązani nie tylko z naszymi poprzednimi wcieleniami, ale też z innymi ludźmi, którzy w tamtym naszym życiu uczestniczyli, przez poglądy, jakie razem stworzyliśmy, sytuacje, które przeżyliśmy wspólnie, i emocje, które nas łączyły. Kolejne dziesięć lat zajęło mi zrozumienie, jaki to ma sens. Powrócę do tego szczegółowo w drugim tomie książki.

ZBIOROWA LUDZKA ŚWIADOMOŚĆ

Kiedy nasza świadomość osiągnie pasmo czwarte, uzyskujemy dostęp do wiedzy zdobytej przez wieki dzięki doświadczeniom całej ludzkości. Czwarte pasmo zawiera całą wiedzę i doświadczenie każdego, kto kiedykolwiek żył na Ziemi. Ta wspólna dzielona wiedza nazywana jest Kroniką Akaszy, zbiorową świadomością*.

Aby uzyskać dostęp do wiedzy na tym poziomie świadomości, potrzebny jest, według mnie, kod dostępu zwany bezwarunkową miłością. Musimy tu wyzwolić się z ograniczeń ego i niewłaściwego pojmowania miłości i otworzyć się na nowe doświadczenia, które umożliwią nam zrozumienie sedna sprawy.

Lekcja z pasma 4 uczy, że prawdziwą miłością jest tylko ta, która dostarcza wszystkiego co trzeba, aby osiągnąć pełnię rozwoju świadomości, stać się kompletną całością. Wspomagamy się wzajemnie w naszych lekcjach, aż osiągniemy zrozumienie. Wszystkie nasze fałszywe przekonania są to błędne interpretacje pojęcia bezwarunkowej miłości.

---

* Zob. Carl Gustav Jung, *Wspomnienia, sny, myśli*, Wrota, Warszawa 1997.

PODSUMOWANIE PASMA 4

Z każdym kolejnym poziomem świadomości czułam, że wnikam coraz bardziej w głębokie tajemnice życia. Jednak gdy tylko poznawałam dany poziom, zaraz okazywało się, że istnieją kolejne poziomy. W paśmie zawierającym poziomy 17–44 moje stare systemy przekonań były bardzo trudne do przepracowania. Może dlatego spotykałam wtedy tak wiele osób, które ujawniały swoje przeszłe wcielenia. Bo gdyby się to zdarzyło tylko kilka razy, mogłabym to zignorować albo nie docenić tej wiedzy. Ostatecznie zaakceptowałam fakt, że to moje poglądy na temat znaczenia przeszłych wcieleń muszą się zmienić. Świadomość pasma 4 pozwoliła mi widzieć przyczyny i skutki każdej sytuacji. Wydarzenia z przeszłości, które poprzednio widziałam jako zdarzenia losowe, zaczęły mieć logiczny porządek i sens. Każde kolejne życie było kontynuacją egzystencji i kontynuacją rozwoju świadomości.

Uznając istnienie przeszłych wcieleń i ucząc się dzięki regresingom, mogłam zrozumieć, jak działa karma. Jeśli trzymamy się kurczowo naszych błędnych przekonań, będziemy doświadczali ich konsekwencji nie tylko w tym wcieleniu, ale i w następnych. Jedynie wyzwalając się od tych błędnych przekonań, odrzucając je i zastępując nowymi, opartymi na bezwarunkowej miłości, możemy uwolnić się od naszej karmy.

NOWE PRZEKONANIA

- *Zmiany wibracji dokonujące się podczas wydarzeń na Ziemi i w kosmosie, takie jak specjalne ułożenie planet, mogą mieć wpływ na naszą świadomość.*
- *Bez względu na to, czy jesteśmy tego świadomi, czy nie, wszyscy czujemy poziom energii innych ludzi i odpowiednio na nią reagujemy.*
- *Przekonania żyją dłużej niż ciało fizyczne. Nasze przekonania z dawnych wcieleń mogą wciąż wpływać na obecne życie.*
- *Karma to przyczyna i skutek zbioru przekonań i poglądów, które wleczemy za sobą od wcielenia do wcielenia dopóty, dopóki nie będziemy zdolni ujrzeć poza nimi prawdy i rozwiązać ich w przestrzeni bezwarunkowej miłości. Czasami może to zająć całe wieki niezliczonych inkarnacji.*
- *Przychodzimy na Ziemię, by odegrać role narzucone nam przez nasze poglądy, pracować nad ich transformacją, dawać i dostawać lekcje bezwarunkowej miłości i pomagać sobie nawzajem w znajdowaniu prawdy o niej.*
- *Wszystkie nasze fałszywe przekonania to błędna interpretacja tego, czym jest miłość.*

WEŹ GŁĘBSZY ODDECH, TERAZ CHWILA DLA CIEBIE

- Zauważyłeś, jak inaczej ludzie odnoszą się do ciebie, kiedy uosabiasz spokój i słuchasz ich ze zrozumieniem i współczuciem?
- Czy masz jakieś nierozwiązane sprawy z kimś, kto już umarł? Jak przejawiają się one w tym życiu?

Rozdział 8

PASMO 5: JEDNA ŚWIADOMOŚĆ ZJEDNOCZONA MIŁOŚCIĄ

GRUDZIEŃ 1998 – LATO 2000, ROCHESTER, NOWY JORK

Niebo to nie miejsce ani warunki. Jest to przede wszystkim świadomość idealnej jedności.

Kurs cudów

POKONANA PRZEZ STRES I TOKSYCZNE SUBSTANCJE

W lutym 1999 roku znowu poważnie się rozchorowałam. Praca była bardzo stresująca, a na dobitkę wystąpiły u mnie silne reakcje na opary ulatniające się z nowych drukarek. Były to kolorowe drukarki, które wtapiały toner w wyjątkowo wysokiej temperaturze i wydzielały duże ilości gazów. Na dodatek była zima i pomieszczenia biurowe nie były wystarczająco wietrzone. Całe moje ciało kurczyło się i broniło. Bez przerwy chodziłam z zatkanym nosem, kasłałam i miałam trudności z oddychaniem. Poszłam do lekarza, ale powiedział mi, że to astma, i upierał się, że muszę brać sterydy oraz znaleźć nową pracę, którą mogłabym wykonywać w domu. Kilka tygodni później znalazłam się na izbie przyjęć z ciężkim bólem w lewej ręce i w klatce piersiowej. Następny lekarz zdiagnozował to jako zablokowanie arterii i zasugerował balonikowanie.

Te diagnozy nie miały ze sobą wiele wspólnego i żaden z lekarzy nie widział mojego organizmu jako całości, skupiając się na swojej dziedzinie i pomijając źródło problemów.

Co gorsza, zima w Rochester była mroźna i wilgotna, co zaostrzyło mój stan. Czułam, że aby się wyleczyć, powinnam wyjechać gdzieś, gdzie jest gorąco, sucho i słonecznie. Wymontowałam więc tylne siedzenia z mojego minivana, wrzuciłam materac do spania i skierowałam się na południe. Po kilku dniach jazdy zakończyłam podróż w Key West na Florydzie.

Zamierzałam spędzić tam tydzień, dochodząc do siebie na ciepłej plaży i wygrzewając się na słońcu, aby oczyścić płuca. Po tygodniu tej słonecznej terapii w ciągu dnia i kilku aspirynach co wieczór poczułam się lepiej. Zdecydowałam się wracać do Rochester. Jednak miało stać się inaczej. Kiedy przejeżdżałam przez Most Siedmiomilowy, zaraz za Key West, eksplodowała skrzynia biegów w moim samochodzie. Został więc odholowany z powrotem do Key West, a ja spędziłam następny tydzień, czekając na nową skrzynię biegów i naprawę samochodu.

PŁYWAJĄC WŚRÓD DELFINÓW

Następnego dnia, zupełnie niespodziewanie, zadzwoniła do mnie przyjaciółka z Rochester. Okazało się, że też wybiera się na Florydę, i to właśnie do Key West. Na dodatek powiedziała mi, że przyjeżdża z kilkoma osobami, bo mają wynajęty kuter, by wypłynąć na ocean i oglądać delfiny. Kiedy dowiedziała się, że ja już tam jestem, zapytała, czy chciałabym wziąć udział w tej wycieczce. Oczywiście skorzystałam z okazji, bo wielokrotnie słyszałam wspaniałe opowieści o tego rodzaju wyprawach. Dwa dni później nas pięcioro i kapitan wypłynęliśmy na ocean. Kapitanem była kobieta, która często organizowała tego rodzaju wyprawy i dobrze znała miejsca regularnie odwiedzane przez delfiny. Mniej więcej po godzinie kazała rzucić kotwicę. Potem włączyła muzykę klasyczną, twierdząc, że delfiny bardzo to lubią. Poinstruowani przez nią zaczęliśmy od medytacji. Ledwo skończyliśmy medytację, pojawiły się delfiny. Było ich może piętnaście – piękne, pełne gracji i znacznie większe, niż się spodziewałam. Tańczyły, podskakiwały, kręciły śruby w powietrzu, wywijały akrobacje pojedynczo i w grupach, pływały wokół nas, kiedy wskoczyliśmy do wody. Po prostu miały świetną zabawę.

Nie jestem wytrawnym pływakiem i nie byłam pewna swoich możliwości w tej wielkiej wodzie, przy tak ogromnych zwierzętach. Kręciły się pode mną i obok mnie. Przyjaciele wykrzykiwali: „Masz jednego z lewej! Masz drugiego z prawej!", ale były dużo szybsze ode mnie i nie mogłam za nimi nadążyć, co mnie strasznie deprymowało. Wróciłam więc na łódź i postanowiłam oglądać je stamtąd. Przechylona przez burtę, obserwowałam, jak podpływają do łodzi, gdy nagle jeden olbrzym skierował się w moją stronę. Był tak blisko, że mogłabym go dotknąć, gdyby tylko starczyło mi odwagi. Jego oczy patrzyły prosto na mnie. Zobaczyłam w nich radość, spokój i miłość. Telepatycznie wyczuwałam jego inteligencję, mądrość i moc. On wiedział, że był częścią Jedności Życia i że wszystko, czego potrzebuje, jest mu dostępne. Pomyślałam: „Podziwiam twoją mądrość i oddaję pokłon miłości, którą jesteś". W tym stworzeniu rozpoznałam wyższą formę świadomości, a ono rozpoznało świadomość we mnie.

Smutno było się żegnać, kiedy przyszedł czas powrotu. Podziękowaliśmy delfinom za to niepowtarzalne przeżycie, a one odpowiedziały wspaniałym pokazem – serią figur i skoków. W pewnym momencie trzy z nich wyskoczyły ponad wodę i wykonały piękne zsynchronizowane korkociągi. To wyglądało inaczej niż poprzednie zabawy. Tym razem mówiły nam „do zobaczenia", wiedząc, że szykujemy się, by odpłynąć.

Gdy wracaliśmy, przyjaciółka opowiedziała mi o innej grupie, która wybrała się popływać z delfinami, a którą ona prowadziła. Mieli podobne wrażenia jak my, z tym że jeden delfin podpłynął do którejś z kobiet i puknął ją w brzuch. Uderzenie było silne, więc zawieźli ją do szpitala. W obawie o wewnętrzne krwawienie lekarze zrobili jej rezonans magnetyczny. Badanie ujawniło, że miała w brzuchu guz rakowy, dokładnie w tym miejscu, gdzie delfin ją uderzył. Zupełnie nie była tego świadoma, ale dzięki temu zdarzeniu i operacji, którą szybko przeprowadzono, sprawa zakończyła się pomyślnie. Delfin uratował jej życie, znajdując sposób na skomunikowanie się z nią i zwrócenie jej uwagi na to, co było ważne.

NAUKI OD DELFINÓW

Trudno mi nawet opisać, jak głębokie wrażenie wywarło na mnie to spotkanie i jakie ogromne miało znaczenie. W chwili komunikacji z delfinem wiedziałam głęboko w środku, że to stworzenie posiada niewiarygodną inteligencję i mądrość. Czułam pokrewieństwo,

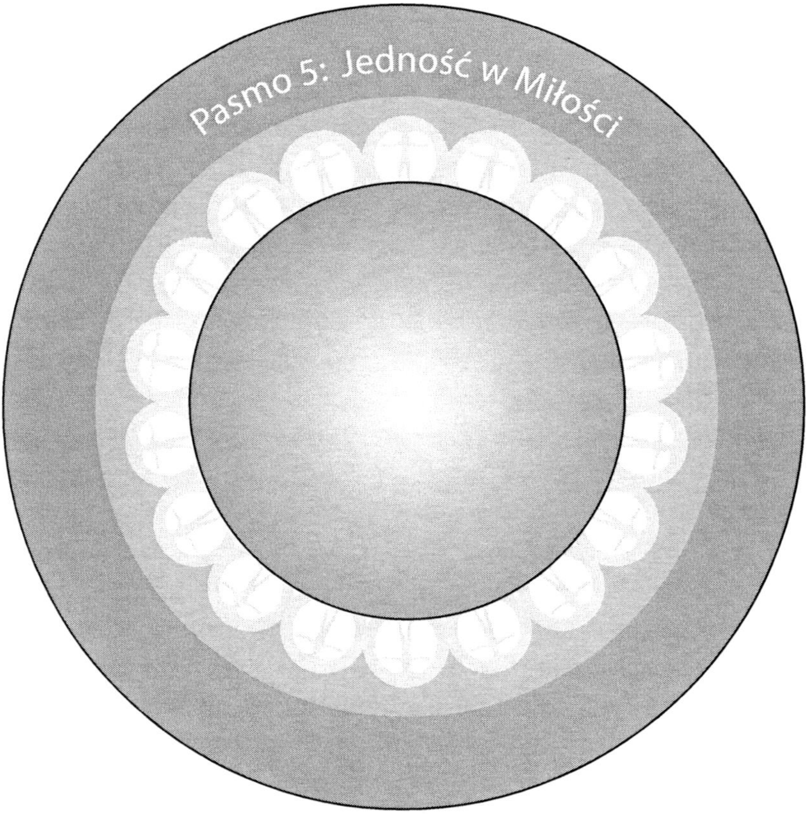

Rys. 18. Pasmo 5: Jedność w Miłości.

zrozumienie, respekt i szacunek. Jego zrozumienie życia wszechświata było szersze niż moje, jego świadomość wszechogarniająca. Czułam, że to delfin był nauczycielem, a ja uczniem. Patrząc na mnie, uczył mnie wiary i przekazywał mi wiedzę, że wszyscy poprzez świadomość jesteśmy jednością. Każde z nas doświadczało Jedności w Miłości – on, jako delfin, i ja, jako człowiek, byliśmy połączeni tym uczuciem. Wtedy zrozumiałam, że jeśli ja jestem związana ze wszystkim, co istnieje, wszystko, czego potrzebuję, jest mi dostępne, jak również jestem chroniona i prowadzona. W przepastnej materii wszechświata jest miejsce dla mnie, powód dla mojego istnienia, tak samo jak dla istnienia wszystkich innych stworzeń.

Słowa nie wystarczają, żeby to powiedzieć. To było więcej niż wiedza. To było głębokie odczucie w moim całym jestestwie. Aby to jak najlepiej wyrazić: doświadczyłam poczucia jedności jak nigdy przedtem, wyraźnie rozpoznając wysoce rozwiniętą inteligencję i świadomość, obecne w innej formie życia.

Zrozumiałam, co to znaczy być zjednoczonym w miłości, i dzięki temu mogłam dotrzeć do kolejnego pasma świadomości – świadomości jedności, obejmującej poziomy 45–144. W tamtym momencie dotarło do mnie, że to uczucie miłości łączy nas w jedność. Zaakceptowałam, że nie tylko nie jestem oddzielona, ale co więcej – jestem Miłością, jestem jednym ze wszystkim, co jest, we wszystkich formach. Będąc Miłością, jestem częścią Jedności.

LECZENIE HOLISTYCZNE

To duchowe przebudzenie, które przeżyłam, obserwując delfiny, przekonało mnie, że Jedność nie jest na zewnątrz mnie, ale że jestem jej częścią. Dlatego odpowiedzi na wszelkie pytania, włącznie z tym, jak uzdrowić moje przypadłości, są we mnie. Poczułam, że będę prowadzona, abym znalazła taką medyczną pomoc, jakiej potrzebuję. Wróciłam do Rochester i wkrótce moja znajoma zorganizowała mi spotkanie ze wspaniałym lekarzem, Charlesem Gantem, który potraktował mój przypadek w sposób holistyczny. Przeprowadził mi testy i okazało się, że jestem uczulona na wiele rodzajów żywności – dał mi listę wszystkiego, co mi szkodziło. Między innymi byłam też uczulona na sterydy i liczne antybiotyki, które wchłaniałam przez tyle lat i które w moim przewodzie pokarmowym wybudowały niezłe siedlisko *Candida albicans*. Wyniki pokazały, że potencjał nadnerczy, produkujących adrenalinę, wyczerpał się u mnie prawie do zera. Całe ciało domagało się wielkiego remontu. Lekarz przepisał mi mnóstwo ziół, witamin, minerałów, aby oczyścić i odbudować organizm.

W tym samym czasie zaczęłam również trzy, cztery razy w tygodniu ćwiczyć różne rodzaje jogi i medytacji. Praktyka hatha jogi pozwoliła mi rozluźnić mięśnie, a stretching wyciągnął moje skostniałe przekonania na powierzchnię, dzięki czemu mogłam lepiej im się przyjrzeć. Kundalini joga była bardzo owocna, zarówno jeśli chodzi o zmiany emocjonalne, jak też poprawę pracy płuc dzięki intensywnym ćwiczeniom oddechowym. To wszystko zmotywowało mnie do zmiany diety, która również odegrała ogromnie ważną rolę w procesie odnowy organizmu. Zaczęłam stosować dietę ajurwedyczną. Odbudowanie zdrowia zajęło mi pół roku. Rozpoznawałam energię jedzenia i zaczęłam bardzo uważać na to, co dostarczam swojemu ciału.

Na 49. urodziny wróciłam do ubrań o sześć rozmiarów mniejszych – wyglądałam i czułam się wspaniale. Po powrocie do pracy nikt mnie nie mógł poznać: straciłam 15 kilogramów, byłam zdrowa i wyglądałam rześko – jak nowa osoba.

PIERWSZE SEMINARIUM

W lecie 1999 roku budziłam się w środku nocy, zawsze około trzeciej nad ranem. Przychodziło do mnie coś jakby transmisja informacji. Rozmowa z Jezusem, rozpoczęta w Grand Tetons w Wyoming, rozwijała się dalej. Prosiłam Go, by mnie uczył, i teraz wiedza wlewała mi się do głowy. Trzymałam koło łóżka papier i pióro i zawsze byłam gotowa zapisać najważniejsze przesłania, które nadchodziły. Jeśli ich nie zanotowałam, nie mogłam zasnąć. Czasami, myśląc, że to już koniec informacji, układałam się do spania, a tu znów pojawiały się kolejne. A ja o siódmej rano musiałam wstać do pracy. Trwało to przez kilka tygodni, noc po nocy. Uzbierało się tyle wiadomości, że powstało całe seminarium.

Otrzymałam też schemat i metodę, jak to wszystko przedstawić w formie prezentacji. W weekend skończyłam przygotowywanie prezentacji i w poniedziałek rano, jadąc do pracy, zapytałam: „Co mam teraz z tym wszystkim zrobić? Mam gotową prezentację, ale gdzie są słuchacze?". Tego samego wieczora przyjaciółka zaprosiła mnie do siebie na kolację. Opowiedziałam jej, co się ze mną działo, i wyznałam, że mam gotową prezentację, tylko nie wiem, komu to potrzebne. Po kolacji wyszłyśmy na spacer, wciąż rozmawiając. Po drodze zatrzymałyśmy się w pięknej kawiarence nad kanałem. W drzwiach spotkałyśmy jej starą przyjaciółkę. Moja znajoma, przedstawiając nas, napomknęła o mojej prezentacji i o tym, jak powstała: „To idealnie. Nie mogło być lepiej" – zawołała tamta kobieta. Okazało się, że jest prezesem regionalnego stowarzyszenia masażystów, a lektor, który miał przybyć na comiesięczne spotkanie, właśnie odwołał przyjazd. Zapytała: „Możesz przyjść w przyszłym tygodniu?". I tak moje Spektrum Świadomości zostało zaprezentowane po raz pierwszy w formie seminarium dla grupy trzydziestu masażystów terapeutów.

Te informacje stanowiły fundament wszystkich seminariów i warsztatów, które prowadziłam przez następne dziesięć lat. Podstawową tezą było to, że wciąż otrzymujemy w życiu szanse, by zbadać swoje przekonania. Jeśli przekonanie jest fałszywe, wytworzy w ciele blokadę, która przejawi się najpierw jako dyskomfort, potem jako ból, a jeśli tego przekonania nie zrewidujemy, ostatecznie może się uzewnętrznić jako choroba. Na seminarium wyjaśniałam, jak nasze przekonania są kodowane i przechowywane na różnych poziomach w ciele, a także czym jest Spektrum Świadomości, poczynając od pierwszych siedmiu czakr w ludzkim ciele aż po najwyższe poziomy świadomości. Połączyłam tę wiedzę z teoriami fizyki i wyjaśniałam zarówno naukowo, jak też eksperymentalnie, co się dzieje w naszym wnętrzu, kiedy jesteśmy uczniami w tej znakomicie zaprojektowanej szkole życia.

STAJĄC SIĘ JEDNOŚCIĄ

Świadomość na tym poziomie to rozumienie, że Bóg jest miłością. Jedyny sposób, aby dostroić się do wiedzy o Bogu, to czuć miłość i współodczuwać chwila za chwilą, sytuacja za sytuacją. Kiedy jestem zsynchronizowana z miłością, akceptuję każdego, kogo spotykam, obojętnie, czy to jest przyjaciel, kolega z pracy, czy nieznajoma osoba. W przestrzeni miłości dostrzegam ludzkie wady i niedoskonałości, ale mnie one nie irytują. Bóg przestał być czymś odległym i oddzielonym ode mnie, czymś, czego będę mogła doświadczyć tylko wtedy, kiedy umrę. Bóg, Boska Obecność, jest teraz wewnątrz mnie i wokół mnie.

Wprawdzie nie jestem w stanie odczuwać tego połączenia przez cały czas, ale zawsze kiedy osiągam ten stan, wszystko powraca na swoje miejsce. Doświadczam równoczesnego dziania się wielu sytuacji i mam poczucie, że jestem we właściwym miejscu i we właściwym czasie, a to z kolei wpływa na to, że mogę się rozwijać i wzrastać. Kiedy naprawdę doświadczam miłości, staję się zjednoczona z Bogiem i czuję również połączenie z całym stworzeniem.

PODSUMOWANIE PASMA 5

Doświadczenie pierwszych pięciu pasm świadomości, aż do poziomu 144, miało wielki wpływ na mój system przekonań. Przejście od jednego poziomu do następnego wymagało całkowitego poddania się miłości oraz woli zbadania i zweryfikowania moich głęboko ukrytych przekonań. W każdym paśmie korzyści z tego procesu były znaczące. Rozpoznając miłość we wszystkim i we wszystkich, miałam okazję doświadczyć poziomu radości niedostępnego dla mnie wtedy, gdy jeszcze kultywowałam własne przekonania i poddawałam się cudzym, obciążającym i ograniczającym, pochodzącym z okresu dzieciństwa albo nawet z poprzedniego życia.

NOWE PRZEKONANIA

- *Muszę zatroszczyć się o swoje ciało, odżywiać je zdrowo i słuchać jego potrzeb i ostrzeżeń. Otrzymuję wskazówki, jak to zrobić, kiedy zadaję bardzo szczegółowe pytania, jak zadbać o zdrowie.*
- *Istnieją inne skomplikowane formy życia, jak delfiny, o wysokim poziomie inteligencji i świadomości, porównywalne do poziomu ludzi, i mogę się telepatycznie z nimi porozumiewać.*
- *Jestem cząstką Jednej Świadomości, którą dzielę z innymi istotami ludzkimi i pozaludzkimi. Wszystkich nas jednoczy miłość.*
- *Zrozumienie każdego kolejnego pasma wibracji wymaga całkowitego oddania się uczuciu miłości i woli badania podświadomych przekonań, które stopniowo się ujawniają.*
- *Kiedy żyję jako część Jedności, wtedy czuję się odżywiona i prowadzona i czuję, że mam wszystko, czego potrzebuję. Często doświadczam korzystnej synchroniczności zdarzeń.*

WEŹ GŁĘBSZY ODDECH, TERAZ CHWILA DLA CIEBIE

- Czy doświadczałeś w swoim życiu synchroniczności wydarzeń? Jaki był twój stan umysłu w takich momentach? Czy zdarzyło ci się, że dostałeś coś, czego bardzo potrzebowałeś, bo wszechświat ci w tym pomógł?
- Czy rozpoznałeś swoje odbicie w innych ludziach? Czy byłeś zdolny odczuwać wobec nich miłość i współczucie i akceptować ich wraz z ich wadami? Jaki to wywarło wpływ na ciebie i na tę drugą osobę?

PODSUMOWANIE CZĘŚCI II

Moje doświadczenia z wieloma poziomami świadomości miały wielki wpływ na mój system przekonań. Przechodzenie od jednego poziomu lub pasma do następnego, wyższego, wymaga oddania się miłości, chęci badania, a nieraz podawania w wątpliwość dotychczasowego, głęboko zakorzenionego, systemu przekonań i poglądów. Często wiąże się to z wysiłkiem, ale zawsze przynosi znaczące wyniki. Rozpoznając miłość we wszystkim i we wszystkich, miałam okazję doświadczyć poziomu radości, jaki był dla mnie nieosiągalny wtedy, gdy tkwiłam w obciążających i ograniczających przekonaniach, które pochodziły z okresu dzieciństwa albo nawet z poprzedniego życia.

W miarę jak pracowałam nad doskonaleniem konkretnego poziomu świadomości, dostawałam szansę przejścia do kolejnego poziomu. Wkrótce potem spotykałam ludzi, którzy chcieli uczestniczyć w moich sesjach, kiedy to mogłam sprawdzać w praktyce rozpoznawanie i rozumienie kolejnych wzorców wibracji ciała. Mogłam dostrzec, w których miejscach ciała wytwarzają się zatory lub blokady energii, a następnie pomóc tym osobom wytworzyć nowe przekonania i poglądy, bardziej zakorzenione w przestrzeni miłości.

W tym okresie było to dla mnie bardziej hobby niż zawód, bo pomagałam głównie przyjaciołom i rodzinie.

Czułam, że chcę podzielić się swoją wiedzą z ludźmi, ale ciągle nie miałam odwagi porzucić mojej ustabilizowanej pozycji finansowej jako pracownika korporacji.

Spektrum Świadomości stworzyło fundament mojej przyszłej pracy i niezmiennie służyło mi jako przewodnik, prowadząc mnie każdego dnia.

Część III

Integracja mojej wewnętrznej Trójcy

WPROWADZENIE

Zamykam oczy, żeby widzieć.

Paul Gauguin

Przez większość życia postrzegałam Boga jako istotę rodzaju męskiego. Taki pogląd ukształtował się we mnie pod wpływem katolickiego wychowania. Wszystko, co dotyczyło Boga, miało formę rodzaju męskiego i to ugruntowało moje pojmowanie Boga jako Ojca.

Wprawdzie często słyszałam również o istnieniu Trójcy Świętej, czyli jednego Boga, który jest w trzech osobach: Bóg Ojciec, Syn Boży i Duch Święty, ale nie wywoływało to w mojej świadomości silnego oddźwięku. Dlatego też, kiedy zaczynałam pracować z pacjentami, łączyłam się tylko z jednym aspektem Trójcy: Bogiem Ojcem.

Ten męski aspekt zawierał w sobie takie cechy jak wizja, kierunek i przewodnictwo, których poszukiwałam w kontaktach z Boską Istotą. Ale wkrótce napotkałam dwa inne aspekty Boga, różniące się nieco od tych, o których uczono mnie w dzieciństwie. Mam na myśli boski aspekt żeński – świadomość Matki – który w chrześcijaństwie symbolizuje biała gołębica. To Duch Święty – związany z rozwojem i ochroną życia i z otrzymywaniem wszystkiego, co jest potrzebne, aby to życie mogło istnieć. Drugi aspekt to Syn – świadomość Dziecka – związany z odczuwaniem, doświadczaniem, przeżywaniem bycia w świecie i czerpaniem z tego wiedzy.

W moim doświadczeniu Boska Trójca symbolizuje atrybuty i wartości tworzenia, otrzymywania i doświadczania, które są wewnątrz każdego z nas. Poprzez świadome łączenie się z tymi aspektami boskości uczymy się, jakie działanie jest zgodne z boskim przewodnictwem i jak możemy stworzyć warunki umożliwiające nam rozwój wewnętrzny.

Tak jak poprzednio musiałam pokonać ograniczające poglądy dotyczące męskiego aspektu boskości, teraz musiałam zmierzyć się z fałszywym rozumieniem kobiecości i opiekuńczości, jak również spojrzeć z tego punktu widzenia na relację z moją matką. Zanim byłam zdolna pojąć prawdziwą świadomość Matki, świadomość czułej, wrażliwej, karmiącej i ochraniającej strony Boskiej Istoty, musiałam najpierw przekształcić moje ograniczające przekonania o sobie jako o kobiecie i matce.

Podobnie stało się z aspektem Dziecka: musiałam doświadczyć w praktyce codzienności, co to oznacza szczere, prawdziwe zaufanie, jak również pozwolić sobie naprawdę głęboko doświadczać wszystkiego, co mnie spotykało w życiu – bez unikania tego, co nie zawsze było przyjemne. Idąc drogą, która była mi przeznaczona, musiałam poddać się boskiemu prowadzeniu, zanim jeszcze w pełni zrozumiałam, co to znaczy świadomie i z pasją przyjmować każdy dzień życia i czerpać wiedzę z przeżytych doświadczeń – tych dobrych, ale również tych bardzo trudnych. W praktyce sprowadziło się to do porzucenia kariery w korporacji i rozpoczęcia własnej praktyki terapeutycznej.

Analogicznie jak dotychczas doświadczałam poziomów świadomości w aspekcie męskim (jedynym, o jakim wiedziałam), potem zaczęłam otwierać kolejno wszystkie 144 poziomy w boskim wymiarze Matki i Dziecka. Inaczej mówiąc, na każdym z poziomów świadomości daje się wyróżnić wszystkie trzy aspekty. To było jak przeskok z jednowymiarowego do trójwymiarowego odbioru rzeczywistości. Kiedy obserwowałam poziom energii u różnych osób, mogłam zauważyć aspekty wibracji energetycznej – męski, żeński i dziecięcy.

Badając te trzy wymiary, mogłam dostroić się do odmiennej wibracji każdego z nich, a także obserwować u moich klientów blokady świadomości należące do każdego z tych wymiarów. W ten sposób mogłam przemienić własne poglądy oraz pomóc innym zrobić to samo, na wszystkich poziomach Spektrum Świadomości.

Rozdział 9

ODNAJDYWANIE JEDNOŚCI Z BOSKIM OJCEM

ROK 2000 – KU SŁOŃCU POŁUDNIA, Z ROCHESTER DO GRASS VALLEY W KALIFORNII

Nie możesz z dnia na dzień zmienić swojego przeznaczenia, ale możesz zmienić kierunek.

Jim Rohn

PRZEPROWADZKA DO KALIFORNII

W roku 2000 Xerox reorganizował swoją strukturę. Powstała możliwość przeniesienia się do mojej wymarzonej Kalifornii. Miałam tam pełnić funkcję konsultanta biznesowego dla dużych drukarni i zająć się obszarem od Seattle do San Diego i od Albuquerque do Boise. W praktyce oznaczało to podróże samolotami cztery razy w tygodniu. Potrzebowałam nowego miejsca do życia, skąd mogłabym w ciągu godziny dojechać na lotnisko. Wiedziałam, że w Sacramento czy w Denver są dobrze funkcjonujące lotniska, więc rozglądałam się za domem w tych okolicach. Podobały mi się oba miasta, ale Sacramento miało lepszy klimat.

Oglądając w weekendy pobliskie tereny, odkryłam na północny wschód od miasta, u podnóża masywu górskiego Sierra Nevada, miejsce o spokojnej, relaksującej, odświeżającej matczynej energii. Będąc przez cały tydzień w ciągłym biegu, naprawdę potrzebowałam cichego, ustronnego miejsca, które mogłabym nazywać domem i które zapewniałoby mi weekendowy odpoczynek. To połączenie dobrej pogody i wspomagającej energii było właśnie tym, o co mi chodziło. Spędziłam w Rochester tyle ponurych lodowatych zim, które ciągnęły się aż do kwietnia, że byłam bardzo podekscytowana perspektywą zamieszkania w ciepłej i słonecznej okolicy. Znalazłam na przedmieściach Grass Valley dość duży dom, co prawda w kiepskim stanie, ale z pięcioma akrami lasu i z pięknym górskim strumykiem, więc złożyłam ofertę kupna.

Moje dzieci były już dorosłe, przekroczyły dwudziestkę. Syn mieszkał ze mną w Rochester i studiował grafikę w Rochester Institute of Technology, a córka skończyła studia na kierunku projektowania mody i rozpoczynała karierę w Londynie. Biorąc pod uwagę koszty utrzymania w tym mieście i jej pensję, była to bardzo wyboista droga. W czasie kiedy miałam się przeprowadzić, udało mi się wreszcie przekonać ją do powrotu do Stanów i też postanowiła spróbować życia w Kalifornii. W sierpniu 2000 roku przyleciała do Rochester, abyśmy razem mogły przejechać przez Amerykę. Zapakowałyśmy mój dodge caravan po dach, pomachałyśmy synowi, który zostawał w Rochester, i wyruszyłyśmy w drogę przez cały kraj. Zabrałyśmy tylko najbardziej potrzebne rzeczy, a meble miała przewieźć firma przeprowadzkowa.

Pokonałyśmy trasę z Rochester do Kalifornii w cztery dni, czasami podróżując po dwanaście godzin dziennie.

Nie było czasu na dłuższe postoje i zwiedzanie, ale po drodze mogłyśmy podziwiać wspaniałe widoki: od zieleni wschodnich stanów, przez góry w stanie Utah, do pustyni w Nevadzie. Zatrzymałyśmy się tylko przy Wielkim Jeziorze Słonym w Utah. Chodziłyśmy po ogromnym obszarze pokrytym solą, jedynym śladem, że kiedyś było tam morze. Robiło to ogromne wrażenie; był to namacalny dowód przemijania i zmian na naszej pozornie stabilnej planecie.

Zatrzymałyśmy się w Colfax, u mojego przyjaciela, około dwudziestu minut jazdy od naszego domu w Grass Valley. Budynek wymagał wiele pracy, więc następnego dnia z grupą robotników budowlanych zaczęłyśmy zamieniać to miejsce w prawdziwy dom.

UWALNIAJĄC DUCHA OJCA

Po przeprowadzce do Kalifornii odczułam wielką zmianę. Żeńska, opiekuńcza energia tego miejsca na podgórzu Sierra była bardzo silna i miała na mnie ogromny wpływ.

Wkrótce po przyjeździe wybrałam się do centrum jogi Shivananda, niedaleko mojego nowego domu. Częścią programu, który prowadził mnich z Indii, była ceremonia ognia. Ogień pochłaniał wszystkie materiały ceremonialne przeznaczone do spalenia, zapach kadzideł unosił się wysoko, a ja złapałam się na tym, że zaczęłam powtarzać słowa modlitwy: „wieczne odpoczywanie racz mi dać Panie...”. Wielokrotnie odmawiałam tę modlitwę, gdy czułam obecność zmarłych przy moich klientach, aby pomóc ludzkim duszom udać się w wędrówkę w kierunku Światła. Ale tym razem było inaczej; modliłam się za samą siebie i jednocześnie zastanawiałam się, co to znaczy i czy właśnie mam umrzeć?

Potem zdarzyła się dziwna rzecz – jakby znaczna część mnie odłączyła się i mnie opuściła. Czułam się lżejsza, ale dziwnie zdezorientowana. Nie byłam pewna, kim jestem. Ten stan niepewności, zagubienia i przewrażliwienia nie opuszczał mnie przez następne trzy tygodnie. Nie wiedziałam, kim jestem, co mam z tym zrobić i co się teraz ze mną stanie. Części mnie nie było i musiałam tę wyrwę w swojej świadomości wypełnić.

Kiedy wreszcie odnalazłam sens tego wydarzenia, zrozumiałam, że tą częścią, która mnie opuściła, była świadomość mojego ojca. Po jego śmierci, chociaż wspomnienia o nim były niewyraźne, przez całe lata miałam zwyczaj łączenia się z nim duchowo. Nosiłam w sobie wzorzec jego ojcowskiej troski o mnie, utrwalony przez poczucie samotności i żalu, że nie ma go w moim życiu. Często prosiłam go o pomoc i płakałam na jego ramieniu. Jego duch stale mi towarzyszył. Od czasów dzieciństwa nosiłam część mojego ojca ze sobą.

Tej nocy podczas ceremonii ognia byłam zdolna wreszcie go uwolnić. Jego duch mógł podążyć swoją ścieżką, a ja poczułam się lżej, ponieważ przestałam żyć zgodnie z jego przekonaniami i poglądami i mogłam je zastąpić własnymi. Na to miejsce mogłam wprowadzić Boskiego Ojca, jako mojego duchowego doradcę, i polegać na tym połączeniu, kiedy potrzebowałam wsparcia i przewodnictwa.

DOSTRAJAJĄC SIĘ DO DUCHOWEGO OJCA

Aby umożliwić Duchowi Boga Ojca zamieszkanie w moim ciele, musiałam zaakceptować istnienie bezwarunkowej miłości i zobowiązać się do podążania za nią w codziennym życiu. W konsekwencji miałam zrozumieć znaczenie idei miłości, od jej aspektu duchowego, przez umysłowy, aż do fizycznego. Miałam zrozumieć, co oznacza bezwarunkowa miłość w każdej dziedzinie i w każdej sytuacji w moim życiu, i odkryć, jakie wiążą się z tym poglądy.

Opisana poniżej medytacja zawiera przykłady myśli lub pytań, na których koncentruję uwagę, gdy kolejno skupiam się na poszczególnych częściach ciała. Jeśli dane części mojego ciała pozostają w zgodzie z treścią moich myśli i pytań, to energia Ojca przepływa swobodnie przez ciało i odczuwam radość i spokój. Jeśli czuję opór lub wątpliwość albo czuję napięcie w którymś miejscu, to wiem, że jest tam jakiś fałszywy pogląd, który trzeba przetworzyć. Skupiam się wówczas na tym miejscu i kładę tam rękę. Oddycham głęboko i powoli. Powtarzając pytanie, słucham uważnie, z cierpliwością kochającego ojca wobec własnego dziecka, jakie pojawiają się emocje i obiekcje. Wymaga to bycia uczciwą w stosunku do samej siebie i nie zawsze przychodzi łatwo.

Jeśli staram się zignorować to odczucie oporu albo próbuję na siłę pozbyć się blokady, to postęp przepływu energii odczuwany w tej medytacji będzie tymczasowy – blokada powróci, i to prawdopodobnie w najmniej odpowiedniej chwili.

MEDYTACJA DOSTRAJAJĄCA DO ŚWIADOMOŚCI BOGA OJCA

Zaczynając od czubka głowy, obserwuję, jak ta energia przepływa przeze mnie, aż do stóp. Zadając pytania, skupiam się na poszczególnych obszarach i obserwuję reakcję mojego ciała.

1. Czubek głowy: otwieram wrota. Tu najważniejsze jest skupienie się na intencji zapraszania świa-

domości Boga Ojca i jego bezwarunkowej miłości do bycia przewodnią siłą w moim życiu. Pragnę odkryć jej sens i zobaczyć, jakie pojęcia są w niej zawarte.

2. Czoło i górna części głowy: otwieram umysł na zrozumienie bezwarunkowej miłości. Jestem wolna od wszelkich oczekiwań wobec niej. Jestem gotowa wsłuchać się i zobaczyć, co to znaczy w moim życiu stać się bezwarunkową miłością.
3. Gardło: poddaję moją wolę woli Boga Ojca. Uczę się, jak wyrażać słowami, co to znaczy być bezwarunkową miłością w codziennym życiu.
4. Serce i klatka piersiowa: otwieram serce, aby wypełniło się bezwarunkową miłością. Wiem, że bezwarunkowa miłość nigdy nie rani. Staram się zrozumieć, jakie to jest uczucie, jakie ma znaczenie i jakie myśli są z tym związane.
5. Splot słoneczny: zadaję sobie pytanie, czy jestem wystarczająco dobrym naczyniem dla bezwarunkowej miłości i co to znaczy zastosować tę ideę w stosunku do siebie samej. Jak kochać siebie, znając swoje przeszłe postępowanie? Jak zrozumieć siebie? Jak sobie wybaczyć?
6. Brzuch: medytuję nad tym, co to znaczy być bezwarunkową miłością w związkach z rodziną, przyjaciółmi i kolegami; jak słuchać i rozumieć innych.
7. Biodra i podstawa kręgosłupa: pytam siebie, co oznacza bycie bezwarunkową miłością w interakcjach ze społeczeństwem i z nieznajomymi, których spotykam na swojej drodze.

8. Nogi, stopy: jak przejawia się idea bezwarunkowej miłości w życiu moim i innych ludzi, dzień po dniu, minuta po minucie.

Ta medytacja daje mi jasność, zrozumienie i przewodnictwo, ilekroć potrzebuję ukierunkowania. Z czasem zrozumiałam, że stosując tę medytację przed rozpoczęciem jakiegoś projektu lub przed podjęciem decyzji, mogę wybrać mądrzej i osiągnąć lepsze wyniki. Początkowo ten proces zabierał mi masę czasu, ale w miarę jak go praktykowałam, przebiegał coraz szybciej.

Używam tej medytacji, ilekroć potrzebuję wsparcia w określeniu nowej wizji, ustaleniu kierunku działania czy stworzeniu nowego przekonania lub projektu. Zadaję jedno pytanie i czekam na potwierdzenie, zrozumienie lub obiekcje.

PRZETWARZANIE OGRANICZAJĄCYCH PRZEKONAŃ

Kiedy zaczynam rozumieć, że mój pogląd jest fałszywy, muszę zdecydować, czym chcę go zastąpić. Odrzucenie danego poglądu powoduje próżnię. Potrzebny jest inny mechanizm, który będzie używany w takiej samej sytuacji. Odkryłam, że wiele blokad przepływu energii może być uleczonych po prostu przez sam fakt zauważenia ich i głębokiego wsłuchania się w nie, czyli po prostu przez świadome zrozumienie, jak działają, i wprowadzenie zmian. Czasem jednak przepracowanie blokad, zwłaszcza jeśli są głęboko zakorzenione, wymaga kilkakrotnego powtórzenia medytacji i dużej wytrwałości we wprowadzaniu w życie nowych mechanizmów działania. W każdej sytuacji, kiedy stary pogląd powraca, muszę o tym pamiętać i powtarzać medytację tak długo, aż nowe przekonanie zostanie solidnie zakorzenione jako nowa norma.

POSUMOWANIE

Jako dziecko wierzyłam, że Bóg jest jakąś daleką istotą, która zarządza nami z nieba. Jako nastolatka często prosiłam ducha mojego ojca o pomoc i opiekę. Dopiero kiedy jako dorosła osoba uwolniłam ducha ojca od tej odpowiedzialności, nauczyłam się zwracać do Boga. W czasie tych rozmów z Bogiem zrozumiałam, że świadomość Boga Ojca jest we mnie wtedy, kiedy jestem bezwarunkową miłością. Wówczas pojawia się jasność zrozumienia, wizja i kierunek działania. W czasie tych chwil, kiedy żyję bezwarunkową miłością, staję się jednością z Bogiem Ojcem i mogę otrzymywać jasno i bezpośrednio jego opiekę i mądrość.

NOWE PRZEKONANIA

- *Kiedy uwolniłam tę część mojej psychiki, w której uwewnętrzniłam obecność mojego ojca, byłam zdolna nawiązać bardziej kompletne połączenie z Bogiem Ojcem.*
- *Dostęp do Boga Ojca otrzymuję tylko w chwilach, kiedy współwibruję z bezwarunkową miłością. Wtedy mogę otrzymywać od Niego mądrość i opiekę.*
- *Kiedy w medytacji poddam się i całkowicie zaufam, wtedy przychodzi do mnie najlepsze rozwiązanie danej sytuacji.*
- *Jeśli w czasie medytacji odczuwam napięcie w mięśniach albo opór, wiem, że to ograniczające przekonanie wstrzymuje świadomość Boga Ojca przed swobodnym przepływem przeze mnie.*
- *Ograniczające przekonania będą pojawiały się w moich medytacjach i w życiu tak długo, aż będę zdolna przetworzyć je, traktując ten proces z uwagą i miłością.*
- *Jeśli podejdę do tego uczciwie, z otwartością i wytrwałością, mogę uwolnić każdą blokadę i na to miejsce wprowadzić nowe przekonanie, zgodne ze świadomością bezwarunkowej miłości.*

WEŹ GŁĘBSZY ODDECH, TERAZ CHWILA DLA CIEBIE

- Czy jesteś świadomy poglądów, które przejąłeś od swojego ojca? Czy możesz je opisać?
- Jak one wpłynęły na twoje życie? Czy ciągle są dla ciebie prawdziwe? Jeżeli nie, to kiedy i w jaki sposób je zmieniłeś?
- Na jakie przeszkody i opory napotkałeś w trakcie medytacji wprowadzającej energię ojca? Czy możesz określić, gdzie są zlokalizowane w ciele? Czy może pamiętasz, ile miałeś lat, kiedy pierwszy raz doświadczyłeś takich oporów, i jakie mechanizmy ochronne zostały wtedy stworzone?
- Które z przekonań przejętych od twojego ojca najbardziej zaważyło na twoim życiu lub było największym wyzwaniem?

Rozdział 10

ŁĄCZĄC SIĘ Z DUCHOWĄ MATKĄ

2000–2002, GRASS VALLEY, KALIFORNIA

Uczymy się kochać nie dzięki znalezieniu idealnej osoby, ale dzięki postrzeganiu mało idealnej osoby w idealny sposób.

Sam Keen

ZROZUMIENIE ŻEŃSKIEGO ASPEKTU ŚWIADOMOŚCI

Fakt, że córka przyjechała ze mną do Kalifornii, miał ogromne znaczenie dla mojego rozwoju, chociaż zobaczyłam to w pełni dopiero kilka lat później.

Tak jak w Rochester musiałam przepracować wiele problemów związanych z moim ojcem, teraz przyszła pora na Duchową Matkę. Skupiłam się całkowicie na uczeniu się, jak uwewnętrznić żeński, matczyny aspekt Boskości. Mając córkę przy sobie, uczyłam się, co to znaczy dla mnie pielęgnować ją i wspierać, ale równocześnie pozwalać jej na podejmowanie własnych decyzji i dawać jej przestrzeń i wolność, które umożliwią jej rozwój.

Dopóki nie nauczyłam się dostrzegać żeńskiego aspektu mojej świadomości, nie zauważałam, jak bardzo przez całe życie odgrywałam rolę ojca. W moich związkach ja byłam tą, która nadaje kierunek, ma wizję i podejmuje decyzje – a są to bardzo męskie atrybuty. Pielęgnowanie i opiekowanie się było mi zupełnie obce. Byłam skoncentrowana na wypełnianiu zadań i nie bardzo wiedziałam, co to znaczy otrzymywać i dostawać, a pojęcie kobiecości było mi zupełnie obce. W małżeństwie to ja byłam „ojcem" wyznaczającym kierunek w rodzinie i zapewniającym dochody, podczas gdy mój mąż był raczej opiekunem naszej dwójki dzieci. W pracy te moje skłonności zostały jeszcze bardziej wzmocnione, bo w przestrzeni zawodowej zdominowanej przez mężczyzn konkurowałam z nimi jak mężczyzna.

Moja matka pojmowała swoją rolę w ten sposób, że aby nauczyć mnie, jak żyć i być lepszym człowiekiem, powinna uświadamiać mi wszystko, co źle zrobiłam. Sądziła zapewne, że dzięki temu mi pomoże, ale skutek był odwrotny. Czułam się tak, jakbym nigdy, nigdzie i nic nie mogła zrobić dobrze. Miałam trzydzieści parę lat, kiedy przyjechała do nas do Anglii. Właśnie wprowadziliśmy się do pięknego, zbudowanego w stylu tudoriańskim domu z pięcioma sypialniami, a ja miałam dobrą pracę. Myślałam, że jak to zobaczy, doceni wreszcie mnie i moje osiągnięcia. Ona natomiast pokazała mi wszystkie niedoskonałości, wszystko, co wymagało jeszcze naprawy i co powinnam ulepszyć. Tak więc, zamiast czuć, że wreszcie do czegoś doszłam, poczułam się znowu niedoceniona i bezradna.

Chciałyśmy w jakiś sposób okazać sobie uczucia, ale żadna z nas nie wiedziała, jak to zrobić. Nawet nie umiałyśmy się przytulić. Parę miesięcy później dostała wylewu. Z powodu sytuacji politycznej w Polsce i mojego nieokreślonego do końca statusu emigracyjnego w Anglii, nie mogłam niestety otrzymać pozwolenia na wyjazd do Warszawy, żeby jeszcze zobaczyć matkę. Nie miałyśmy szansy rozwiązać naszych problemów i okazać sobie miłości, która, wbrew pozorom, była między nami.

Moja mama zawsze starała się opiekować mną, jak umiała, ale ja nie czułam w tym ciepłych, serdecznych uczuć. Kiedy przyszło mi wychowywać własną córkę, złapałam się na tym, że powtarzam ten sam model i że zwracam jej uwagę na to, co powinna poprawić. Pewnego razu, po kolejnych moich uwagach, wybuchnęła płaczem i wtedy zrozumiałam, że powtarzam nasz rodzinny wzorzec. Zobaczyłam jej frustrację i potrzebę docenienia. Zupełnie tak samo czułam się ja, kiedy byłam mała. Od tej chwili starałam się jej mówić, jak bardzo jestem z niej dumna, i podkreślać wszystko, co zrobiła dobrze. Uczyłam się bycia matką i ciągle staram się tę rolę doskonalić.

W tym samym czasie musiałam też przedefiniować, co to znaczy być kobietą w relacji, w związku. Mężczyzna, z którym się spotykałam, wydawał się sfrustrowany tym, jak bardzo „męska" byłam w czasie pracy i zaraz po pracy. Natomiast w sobotę i niedzielę, gdy już odespałam stres całotygodniowego podróżowania, stawałam się inną osobą. Połączenie tych dwóch ról było trudne; nie miałam za wiele doświadczenia, jak trzeba być kobietą w związku, i nie wiedziałam, jak to powinno wyglądać.

Jeszcze większym problemem w relacjach damsko-męskich było to, że miałam niepożądaną zdolność do szybkiego i głębokiego łączenia się z moim partnerem na poziomie energetycznym i emocjonalnym. To szczególnie okazało się trudne, kiedy nasz związek się zakończył. On zaangażował się w coś innego, a ja byłam ciągle tak mocno energetycznie z nim związana, że stało się to torturą! Byłam wyczerpana i pusta i desperacko pragnęłam się uwolnić od tego uzależnienia. Próbowałam stosować modlitwę do Boga, która tak dobrze kiedyś się sprawdzała, ale w tym wypadku nic nie pomagało.

MODLITWA DO KOBIECOŚCI

Kiedy próbowałam różnych metod uwolnienia się od mojego emocjonalnego uzależnienia, przyszła mi na myśl łacińska modlitwa *Veni Creator Spiritus* – „O Stworzycielu, Duchu, przyjdź". Była jak mantra – powtarzałam ją bez przerwy. Wymawiając słowa i starając się dotrzeć do mądrości zawartej w każdym wersie, stopniowo uwalniałam się od mojego zamotania i stawałam się na powrót całością.

Z biegiem czasu okazało się, że ta modlitwa jest bardzo pomocna w wielu sytuacjach, pozwalając mi dotrzeć do żeńskiego aspektu duchowości. Mądrość zawarta w jej słowach i wiedza, do której była kluczem, pomogły mi zrozumieć i podtrzymywać ten aspekt we mnie. Z czasem nauczyłam się, że kobiecy aspekt Boga pozwala mi przyjmować wszystko, co otrzymuję, i ufać, że dostaję właśnie to, czego potrzebuję, aby mogło się rozwijać moje wewnętrzne dziecko i aby następował mój wewnętrzny rozwój.

ZWICHNIĘTA KOSTKA

Minęły dwa lata wypełnione ciągłymi podróżami służbowymi. Cały tydzień byłam w drodze, a w soboty odsypiałam. Miałam bardzo mało czasu na refleksję. Zawsze w biegu, jak ten chomik w kołowrotku, wcale nie posuwałam się do przodu. W lecie 2002 roku zmuszona byłam dokładniej przyjrzeć się mojej relacji z matką, ale żebym znalazła na to chwilę, musiało stać się coś poważnego.

Pewnego dnia oglądałam dom, który mój przyjaciel budował na skarpie nad oceanem. Był architektem i artystą, więc dom, który tworzył, przedstawiał prawdziwe dzieło sztuki. Jak to w trakcie budowy, wszędzie rozciągnięte były kable elektryczne. Idąc na dół po schodkach bez poręczy, w moim służbowym kostiumie i eleganckich pantofelkach, zaplątałam się w kable, spadłam z paru stopni i skręciłam nogę w kostce.

Nie wyglądało to groźnie, nie było zranienia, więc pomyślałam, że bez problemu wrócę do mojego domu, który był w odległości około dwóch godzin jazdy samochodem. Zanim dotarłam na miejsce, noga tak mi spuchła, że w ogóle nie było widać kostki. W rezultacie zostałam na kilka dni unieruchomiona. Wyczynem było pójście do kuchni, by przygotować coś do jedzenia, albo wyprawa do łazienki.

SPOTKANIE Z MATKĄ

Wprawdzie mieszkałam w Grass Valley już dwa lata, ale ciągle byłam w podróży i nie zawarłam jeszcze tutaj żadnych przyjaźni. Większość moich przyjaciół mieszkała w Dolinie Krzemowej. Znałam tylko jednych sąsiadów. Teraz, będąc w potrzebie, czułam się samotna, bezradna i opuszczona. Ten czas uświadomił mi, jak bardzo potrzebuję matki. Boleśnie pragnęłam, żeby się mną zaopiekowała, zatroszczyła się o mnie. W pewnym momencie poczułam się tak, jakbym wróciła do czasu, kiedy byłam jeszcze w łonie matki. Ale nie czułam się tam szczególnie chciana i kochana. Płakałam i wyobrażałam sobie, jak sama tulę i kocham tę małą dziewczynkę. Zajęło mi to cały dzień, ale wieczorem wrócił spokój.

Po tym, jak otoczyłam troską i utuliłam moje wewnętrzne dziecko, mogłam powrócić do spotkania z matką. Widziałam teraz znacznie bardziej przejrzyście, kim była; jej marzenia, pragnienia i lęki. Przez większość życia była samotna i pragnęła miłości. W swojej rodzinie była szóstą córką, po której wreszcie urodziło się trzech upragnionych synów. Jako „jeszcze jedna dziewczynka" czuła się pomijana. Szczególnie kiedy na świat przyszli chłopcy i na nich skupiła się uwaga rodziców. Była spragniona miłości i uwagi. W tej dużej rodzinie była poddana twardej dyscyplinie i nie zaznała czułości.

Bez trudu dostroiłam się empatycznie do jej sytuacji, bo doświadczałam w życiu takich samych uczuć. Płakałam nad sobą cały dzień, a nad nią przez kilka następnych dni. Mogłam sobie wyobrazić, jaki czuła strach, kiedy była w ciąży ze mną, i jak to odzwierciedliło się we mnie. Jej strach odczytałam tak, że ona mnie nie chce. W tym czasie Polska była zrujnowana po wojnie, gospodarka jeszcze się nie podźwignęła i warunki życia były bardzo ciężkie, a moja matka już miała troje starszych dzieci. Kiedy ja się urodziłam, moja siostra zdawała na uniwersytet. Nasza sześcioosobowa rodzina gnieździła się w mieszkaniu z jedną sypialnią i ledwo co miała włożyć do garnka, więc ja na pewno nie byłam upragnioną niespodzianką.

Przeżywając to, uwierzyłam, że matka dawała mi wszystko, na co ją było fizycznie stać, ale nie czuła się ze mną związana na poziomie serca, ponieważ było ono bardzo zranione. Dostawałam dobrą opiekę – jedzenie, sprzątanie i troskę, kiedy chorowałam, ale nie było w tym prawdziwej bliskości. Kiedy obejrzałam świat z jej punktu widzenia, poczułam, że dopiero teraz naprawdę rozumiem jej sytuację, i ogarnęło mnie współczucie dla niej.

LEKCJE OTRZYMANE OD MOJEJ CÓRKI

O energii kobiecej nauczyłam się wiele od mojej matki, ale jeszcze więcej przyszło mi nauczyć się od córki. Starała się zostać projektantką mody w San Francisco i bardzo pragnęłam jej w tym pomóc. Byłam przez wiele lat doradcą biznesowym, rozumiałam więc, jaką drogą należy iść i jakie kroki należy podjąć, aby odnieść sukces, i koniecznie chciałam przekazać jej swoją wiedzę. Startowałam z pozycji „ja wiem, jak to zrobić, a ty powinnaś mnie słuchać". Jakoś do mnie nie docierało, że zupełnie nie znałam się na przemyśle związanym z modą. Co gorsza, bardzo bałam się życia w Nowym Jorku i ten strach również silnie wpływał na moją ocenę, jak powinny wyglądać jej decyzje. Jak się należało spodziewać, żadna z nas nie odnosiła sukcesu.

Pewnej nocy, zupełnie zdesperowana, przywołałam na pomoc medytację. I otrzymałam odpowiedź: „Pozwól córce podejmować własne decyzje i brać za nie odpowiedzialność". Po prostu stałam jej na przeszkodzie, nie pozwalając, by sama uczyła się własnych lekcji i tworzyła własne życie. Postanowiłam, że tak właśnie zrobię: dam jej przestrzeń, by sama podejmowała decyzje. Ale nic jej o tym nie powiedziałam. Parę tygodni później oświadczyła mi, że jedzie na kilka dni do Nowego Jorku. Po powrocie oznajmiła, że wynajęła mieszkanie i przeprowadza się w przyszłym miesiącu.

To była dla mnie ważna lekcja: wspomagać kogoś to nie znaczy kontrolować go czy robić coś za niego.

Przeciwnie, to znaczy dać mu przestrzeń, aby doświadczał wszystkiego i rozwijał się po swojemu.

ENERGIA MATKI W MIEJSCU PRACY

W czasie gdy doświadczałam dużych zmian wewnętrznych, łącząc się z żeńską energią, życie zawodowe dostarczało mi wielu okazji do obserwowania i sprawdzania moich nowych poglądów w praktyce. Szczególne dobrze pamiętam podróż służbową z moimi współpracownikami do San Diego. Mieliśmy spotkać się z naszym klientem, właścicielem dużej drukarni. Po paru minutach spotkania poczułam z nim bardzo bliskie połączenie. Zaczął mi opowiadać o swoim synu, który zmarł kilka miesięcy wcześniej. Od tej chwili rozmawialiśmy tak, jakbyśmy byli sami w pokoju. Inni jakby przestali istnieć, a my prowadziliśmy głęboko emocjonalną rozmowę o tym, jak to jest, kiedy umieramy. Wyglądało na to, że jego syn znalazł we mnie wyraziciela swoich przeżyć. Moi koledzy, widząc, co się dzieje, zupełnie zaniemówili, za to kiedy znaleźliśmy się z powrotem w biurze, nie mogli przestać opowiadać wszystkim, co się wydarzyło. Było to dla mnie bardzo krępujące, bo dotąd nie wspominałam kolegom o moich metafizycznych zdolnościach.

Rok później coś podobnego zdarzyło mi się w trakcie podróży służbowej do Seattle. Po pracy wybrałam się na spacer i usiadłam, żeby podziwiać zachód słońca. Po chwili z sąsiedniego domu wyszedł mężczyzna. Najpierw myślałam, że jestem na terenie jego działki i chce mi zwrócić uwagę. Ale on usiadł obok mnie i zaczął mi opowiadać o swoim przyjacielu, który zmarł przed dwoma dniami. I znowu, tak jak poprzednio, zaczęłam mu przekazywać wiadomości pochodzące jakby od jego przyjaciela, który odszedł. Kiedy skończyłam, wstał i oddalił się – w nowym stanie spokoju i harmonii. Nie pamiętam, co mu mówiłam, ale widać było to coś, czego wtedy właśnie potrzebował. Ja pozostałam w stanie zupełnego zdziwienia i niezrozumienia tego, co się właśnie wydarzyło.

W tym czasie zaczęłam słuchać moich klientów biznesowych w inny sposób: uważniej i na głębszym poziomie zrozumienia, starając się lepiej pojąć wyzwania, z jakimi się spotykali, i ocenić ewentualne rozwiązania. Stałam się bardzo popularna wśród moich klientów, bo czuli, że wreszcie ktoś naprawdę ich rozumie i bierze pod uwagę ich dobro. Było dla mnie oczywiste, że reagowali tak pozytywnie na wyższy poziom wtajemniczenia i wsparcia, jaki odczuwali dzięki mojemu połączeniu z opiekuńczym i ochraniającym aspektem Duchowej Matki.

PRZEPŁYW ENERGII OD DUCHOWEJ MATKI

W czasie moich medytacji doświadczałam energii Ojca jako mocnej, przenikającej i bezpośredniej. Była jak kolumna światła przepływająca od czubka głowy po stopy. Kiedy odkryłam w sobie tę energię Matki, zrozumiałam, że czuję ją zupełnie inaczej; była jakby bardziej delikatna, obejmująca, wyzwalała odczucie spokoju i bezpieczeństwa. Przepływała również inaczej – promieniowała tak jak kula światła, której środek znajdował się tuż pod pępkiem.

Przypomniałam sobie wtedy, że na lekcjach tai-chi uczyłam się o Ta-Tien, czyli miejscu w głębi ciała, wielkości piłki golfowej, usytuowanym tuż pod pępkiem, które jest zbiornikiem naszej energii życiowej, energii chi. Zgodnie z tym, co mówią praktykujący sztuki walki,

Tan-Tien może być naładowane energią, której jednak można użyć tylko w celach obrony, dla ratowania życia. Jeśli chciałbyś jej użyć do ataku, kanał zostanie zablokowany i przepływ energii się zatrzyma. Zauważyłam silne powiązanie między energią Matki a teorią sztuk walki, zarówno jeśli chodzi o naturę tej energii, jak też o centralne położenie w ciele. Jako kobieta, rozpoczynając medytację, koncentruję się na macicy, ale Tan-Tien może być punktem koncentracji dla obu płci.

W energii Matki jest zawarte zrozumienie, na czym polega pielęgnowanie i ochrona życia oraz tworzenie warunków rozwoju dla tych wszystkich istot, którymi się zajmujemy, a także dla nas samych. Poprzez zrozumienie, troskę i opiekę wobec innych byłam zdolna dostroić się do tej wibracji i utworzyć przestrzeń do pielęgnowania samej siebie.

Podczas moich prób i błędów w zrozumieniu energii Duchowej Matki i zawartych w niej wartości bardzo pomocna okazała się modlitwa przywołująca na pomoc Ducha Świętego – „O Stworzycielu, Duchu, przyjdź". Odmawiałam tę siedmiozwrotkową modlitwę tak często, aż nauczyłam się jej na pamięć. Ale jednak niekiedy zapominałam jakiś fragment. Z czasem zauważyłam, że właśnie te zapominane słowa niosły ważne dla mnie w danym momencie przesłanie, i to pozwalało mi bardziej się na nich skupić. Później odkryłam, że znana mantra Om Namaha Shivaya też była bardzo skuteczna. Ten proces odkrywania symboli pomagających mi dostroić się do wibracji Duchowej Matki ciągle trwa.

NATURA DUCHOWEJ MATKI

Aby dostroić się do energii Matki, muszę najpierw zaufać, że wszystko, czego potrzebuję, będzie mi dostarczone. Na początku się tego bałam, ale potem przezwyciężyłam ten strach. Bałam się, że moje ego nie ma kontroli nad biegiem spraw, że jestem bezbronna. Ale właśnie w tej bezbronności otrzymywałam opiekę silniejszą niż wszystkie bariery ochronne, które sama poprzednio tworzyłam. Kiedy udawało mi się bardziej otworzyć, energia przepływała swobodnie. Kula światła, której środek czułam w punkcie Tan-Tien, rosła. Już nie była wielkości piłki golfowej, ale ogarniała całe ciało. Sprawdzałam, czy każdy poziom w moim ciele mógłby dostroić się do żeńskiej energii. Kolejno zadawałam sobie pytania, takie jak w poniższym przykładzie medytacji.

Kiedy uzyskiwałam zgodę na zadanie kolejnych pytań, kula energii rosła, tak że w końcu całe moje ciało było objęte tą energią. Na początku zajmowało mi to dużo czasu, ale teraz coraz szybciej zauważam, kiedy tracę kontakt z tą opiekuńczą energią, i coraz szybciej mogę go odnowić. Dążę do tego, abym mogła stosować ten sposób dostrajania się w każdej sytuacji życiowej.

MEDYTACJA DOSTROJENIA SIĘ DO DUCHOWEJ MATKI

Najpierw kładę ręce na brzuchu, jedną na drugiej, tak aby środek dłoni znajdował się na punkcie Tan-Tien, około 4 centymetrów poniżej pępka. Koncentruję oddech na przeponie i czuję, jak moje dłonie podnoszą się i opadają, w miarę jak oddycham. Skupiam się na kolejnych częściach ciała, zaczynając od Tan-Tien. Promieniście zwiększając rozmiar kuli, zadaję pytania – podobne do poniższych – i pilnie słucham, jakie pojawiają się odpowiedzi lub zastrzeżenia. Do kolejnego pytania przechodzę dopiero wtedy, gdy poczuję, że kula energii powiększa się bez oporu.

1. Tan-Tien
   Czy jestem gotowa otrzymać tę energię i zaakceptować jej obecność w ciele?
   Czy jestem gotowa przezwyciężyć strach wynikający z poczucia braku kontroli?
   Czy mam zaufanie, że opieka przyjdzie, kiedy będę jej potrzebować?
   Czy ufam Duchowej Matce, że mnie ochroni?
   Czy jestem gotowa oddać moje tarcze obronne?

2. Splot słoneczny
   Czy czuję się godna, aby otrzymać matczyną energię? Jeżeli nie, to co takiego zrobiłam, co chcę ukryć?

3. Poziom bioder
   Czy polegając na tej energii, czuję się bezpiecznie w społeczeństwie?
   Czy jestem gotowa porzucić moje stare sposoby ochrony?

4. Serce
   Czy mogę otworzyć swoje serce?
   Czy mogę sobie pozwolić na otrzymywanie i przyjmowanie miłości?
   Czy moje serce będzie bezpieczne i chronione w różnych sytuacjach życiowych?
   Czy potrafię kochać to, co otrzymuję?

5. Uda
   Czy mogę polegać na tej ochraniającej obecności Matki w codziennym życiu?
   Jaką rolę będzie to zaufanie odgrywało w moim codziennym funkcjonowaniu?

6. Gardło
   Czy moja potrzeba kontrolowania wszystkiego może się poddać tej opiekuńczej świadomości? Czy potrafię pożegnać dawne metody kontroli, które stosowałam w życiu, i pozwolić tej energii, by prowadziła mnie i zaspokajała moje potrzeby? Czy jestem gotowa pozbyć się moich planów awaryjnych na czarną godzinę?

7. Oczy i uszy
   Czy jestem gotowa widzieć i słyszeć to, co teraz mnie prowadzi?

8. Czoło
   Czy mój umysł jest skłonny zaakceptować ochronę i opiekę ze strony matczynej energii i dopuścić je do siebie w procesie budowania moich planów? Czy pozwalam intuicji, by pomagała mi w podejmowaniu decyzji?

9. Stopy
   Czy pozwolę, żeby ta energia prowadziła mnie przez życie, dzień po dniu, minuta po minucie?

W czasie tej medytacji często napotykałam blokadę w postaci odpowiedzi: „Nie, nie chcę, nie jestem gotowa" albo: „Po moim trupie! Nie pozwolę na...". Nie mogłam przyspieszyć tego procesu i musiałam uczciwie przebrnąć przez wszystkie wątpliwości, opory i obiekcje, aby osiągnąć kolejny stopień. Zanim pokonałam kolejną blokadę, wszystko, z czym się borykałam, musiałam odczuć w ciele i przetworzyć za pomocą wiary i zaufania. Nie walczyłam ze starymi poglądami, nie odrzucałam ich, nie odsuwałam od siebie, ale poddawałam je uczciwej analizie i w miarę możliwości zamieniałam na inne. Zaraz potem życie dawało mi okazję do sprawdzenia mojego nowego podejścia i nowych poglądów.

Kiedy pojawiało się nowe zrozumienie tego, czym jest opiekowanie się i przyjęcie opieki, blokada znikała. Mały rezerwuar energii w dolnej części brzucha, który powstał w czasie praktyk tai-chi, stopniowo rósł, aż zaczął obejmować całe ciało. To, co na początku było tylko sporadyczną medytacją, teraz stawało się częścią mojego codziennego życia. Łączyłam się z tą świadomością w każdej sytuacji, która się pojawiała, abym mogła lepiej widzieć i rozumieć.

Im dłużej miałam świadomy kontakt z energią Matki, tym bardziej niezwykłe i godne zaufania było wsparcie, które otrzymywałam. Im więcej praktykowałam, tym bardziej pozytywne i pouczające sytuacje zdarzały się w moim życiu. Uczyłam się zrządzeń losu, zbiegów okoliczności, dziwnych trafów czy fuksów; wszystko wydarza się z jakiegoś powodu.

Musiały upłynąć prawie cztery lata, zanim głęboko uwewnętrzniłam energię Matki w moim ciele. Rozumiem przez to nawyk codziennego zwracania się z prośbą o energię Matki i przewodnictwo i całkowite do niej zaufanie.

PRÓBA OGNIOWA MOJEJ WIARY

Nadszedł czas, aby pokazać, jak bardzo ufam, i podjąć na pozór zupełnie nieracjonalny krok – zmieniłam zawód, przechodząc ze świata korporacji do świata leczenia holistycznego. Dla mojego inżynierskiego umysłu wszystko to wyglądało surrealistycznie i nieosiągalnie. Miałam nauczać o Bogu, mimo że nie należałam do żadnego Kościoła i większość instytucjonalnych religii miałaby co najmniej wątpliwości co do moich idei. Miałam stać się terapeutą, mimo wykształcenia technicznego, które, nota bene, bardzo mi w tej terapii pomagało. Miałam prowadzić seminaria po angielsku, chociaż nie jest to mój ojczysty język. Nie znajdowałam w swojej okolicy żadnych klientów, a przecież musiałam zarabiać na życie. Z zewnątrz mogło się to wydawać nieprawdopodobnym snem, ale czułam, że to jest coś, co muszę zrobić, i jeżeli nie pójdę za tym powołaniem, moje życie będzie zmarnowane. I tak we wrześniu 2003 roku narodziła się terapia Isedo.

PODSUMOWANIE

Będąc kobietą interesu i jedynym żywicielem rodziny, zwykle pozostawałam raczej pod wpływem świadomości Ojca i cechy mojego postępowania były bardziej męskie niż kobiece. Teraz mogłam jednak odkryć, poznać, zrozumieć i włączyć w moje życie inną siłę: przewodnictwo świadomości Matki. Nauczyłam się macierzyństwa innego niż to, które znałam z mojego domu rodzinnego i środowiska, w jakim się wychowywałam. Zrozumiałam, że polega ono nie na mówieniu dzieciom, co mają robić, i ochranianiu ich przed doświadczaniem życia, ale na udzielaniu im wsparcia i stwarzaniu warunków do rozwoju. Kluczową sprawą jest znalezienie równowagi pomiędzy ochranianiem ich a umożliwianiem pełni doświadczania. Jednym z najważniejszych odkryć było to, że macierzyństwo nie oznacza całkowitego poświęcenia się dla rodziny, bo nie kochając siebie, nie możemy innym dać miłości.

Ponieważ coraz bardziej czułam się zjednoczona ze świadomością Matki, coraz więcej ludzi chciało nawiązać ze mną kontakt. Czuli tę energię we mnie i to ona ich przyciągała. A będąc bardziej otwarta i opiekuńcza wobec innych, spontanicznie sama doświadczałam więcej opieki ze strony wszechświata. Kiedy całe ciało, włączając umysł, zaakceptowało świadomość Matki, mogłam dokonać wielkiej zmiany w moim życiu, ufając, że wszystko, czego potrzebuję, będzie mi dostarczone.

NOWE PRZEKONANIA

- *Matczyna energia jest kulą (sferą), której środek znajduje w głębi ciała na wysokości około 4 centymetrów pod pępkiem, w punkcie Tan-Tien.*
- *Medytacja pozwala ujawnić blokady w ciele, abym mogła je zaobserwować i przetworzyć. Przezwyciężanie blokad otwiera przepływ energii i umożliwia otrzymanie boskiej opieki i ochrony.*
- *Zaufanie do matczynej energii wszechświata daje mi znacznie skuteczniejszą ochronę niż moja własna metoda kontrolowania wszystkiego w logiczny i uporządkowany sposób.*
- *Mówienie ludziom, że robią coś źle, nie zawsze jest pomocne. Zamiast tego mogę podejść do nich z pełnią miłości, żeby czuli się na tyle bezpiecznie, by samodzielnie zrozumieć sytuację, w jakiej się znajdują, i móc podejmować decyzje.*
- *Matkowanie i pielęgnowanie polega nie na tym, żeby poświęcać się lub robić coś za kogoś, ale na tym, aby zapewniać warunki rozwoju.*
- *Opieka nad innymi wyzwala we mnie przestrzeń, w której mogę otrzymać opiekę dla siebie.*

WEŹ GŁĘBSZY ODDECH, TERAZ CHWILA DLA CIEBIE

- Czy wiesz, jakie przekonania przejąłeś od swojej matki? Możesz je określić? Jak wpłynęły na twoje życie?
- Czy zdarzyło się, że odstąpiłeś od swojej potrzeby kontrolowania kogoś i dałeś mu swobodę i przestrzeń do samodzielnego doświadczania?
- Pomyśl o sytuacjach, kiedy potrzebujesz większej opieki i ochrony – czy odważysz się otworzyć na energię Matki i określić przekonania, które cię blokują?
- Czy przypominasz sobie, jak kogoś wspierałeś? Czy zauważyłeś, że potem wszechświat dał również tobie ochronę i opiekę?

Rozdział 11

BOSKIE DZIECKO: MĄDROŚĆ PŁYNĄCA Z DOŚWIADCZANIA

2003–2005 GRASS VALLEY, KALIFORNIA

Gdybyśmy wiedzieli, co robimy, nie nazywalibyśmy tego prowadzeniem badań, nieprawdaż?

Albert Einstein

WIARA USKRZYDLA

Kiedy przyszedł rok 2003, stanęłam w obliczu ważkiej decyzji. Wiedziałam, że muszę porzucić świat biznesu i całkowicie zająć się pracą terapeutyczną. Kilka lat praktykowałam na rodzinie i znajomych, a niekiedy również, w razie potrzeby, na kolegach z pracy, w podróżach służbowych. Ale te sesje w czasie pracy stawały się coraz bardziej kłopotliwe zarówno dla mnie, jak i dla moich współpracowników i klientów firmy. Zdarzało się, że podczas wizyt u klientów Xeroksa wdawaliśmy się w głębokie i często bardzo osobiste dyskusje filozoficzne nad sensem życia. Opisywali oni swoje życiowe trudności, a ja nie miałam innego wyjścia, jak tylko wysłuchać ich z pełną uwagą i pomóc im odnaleźć źródło problemu. Nie zawsze byłam na to przygotowana, szczególnie biorąc pod uwagę ograniczenia czasowe. Zamiast zajmować się biznesem, pomagałam im rozwiązywać poważne życiowe problemy. Kiedy wracaliśmy do spraw służbowych, ci ludzie oczekiwali ode mnie takiego samego otwartego i szczerego oddania i wierzyli, że w ten sam sposób potraktuję ich przy zawieraniu transakcji. To nie była właściwa dynamika – narastał konflikt między naszą zażyłością duchową a biznesem. Z drugiej strony moja firma nie zawsze dotrzymywała warunków kontraktu, a ja, bezpośrednio spotykając się z klientem, stawałam się za to odpowiedzialna. Moja wzrastająca świadomość i zdolność odczuwania blokad energii zrodziła we mnie silne pragnienie rozpoczęcia własnej praktyki. Od ośmiu lat ta myśl ciągle gdzieś tliła się we mnie i teraz poczułam, że muszę zrealizować swoje sny na jawie i zaufać, że otrzymam pomoc i prowadzenie.

Wiedziałam, że moja terapia będzie związana z dotykaniem ludzi, więc z formalnego punktu widzenia musiałam zdobyć jakiś rodzaj licencji, pozwalającej mi na stosowanie pewnego rodzaju masażu lub pracy z ciałem. Rozpoczęłam poszukiwania i wkrótce znalazłam trening, który wydawał się właściwy – intensywną praktykę akupresury w Instytucie Akupresury w Berkeley, w Kalifornii.

PSYCHOLOGIA, KTÓRA MA DWA TYSIĄCE LAT

Akupresura jest chińską praktyką leczniczą znaną od dwóch tysiącleci. Podczas szkolenia dowiedziałam się, że wszystkie punkty akupresurowe mają nazwy przypisane określonym problemom życiowym i narządom, które w związku z tymi problemami są narażone na choroby. Co więcej, punkty te są zlokalizowane na liniach przepływu energii, zwanych meridianami, i dzięki nim są połączone z głównymi narządami ciała. Byłam bardzo zaintrygowana, bo to potwierdzało, że tak jak wyczuwałam wcześniej, istnieją powiązania między pewnymi miejscami w ciele a problemami psychologicznymi, które się tam mieściły. Na przykład dość często obserwowałam pewien punkt na ramieniu, który był związany z wzięciem na siebie odpowiedzialności należącej do kogoś innego; w przekładzie z chińskiego ten punkt nazywa się „przejęta odpowiedzialność".

Akupresura zakłada, że problemy dotyczące bycia ofiarą i związane z tym rozgoryczenie łączą się z woreczkiem żółciowym. Mogą się one uzewnętrzniać w różnych punktach akupresurowych wzdłuż meridianu pęcherzyka żółciowego, który oplata głowę i biegnie dalej po obu stronach ciała, na zewnątrz nóg, aż do stóp. Gdy tylko się dowiedziałam o tym, szybko nadarzyła mi się okazja, by skorzystać z tej wiedzy w pracy z klientką, która miała trudną historię przemocy seksualnej. Jej trauma była tak ciężka, że w początkowych sesjach nie pozwoliła mi nawet dotykać punktów w dolnej części ciała. Pracowałam więc, dotykając tylko meridianu w obszarze głowy. W ten sposób zrobiłyśmy tak duży postęp, że na następnej sesji czuła się wystarczająco bezpiecznie, aby pozwolić mi dotknąć jej brzucha. Rozpoczęłam leczenie od ciała mentalnego (pasmo 2), a potem przeszłam do ciała fizycznego (pasmo 1).

Ucząc się akupresury, odkryłam ciekawą prawidłowość – coś na kształt trójwymiarowej matrycy – pomiędzy układem meridianów a poziomami, z którymi dotychczas pracowałam. Każdy meridian opisuje rodzaj problemu, a poziom wskazuje, jak ten problem będzie się manifestował w życiu. Jeśli ktoś na przykład czuje się ofiarą w społeczeństwie, blokada będzie umiejscowiona wzdłuż meridianu pęcherzyka żółciowego na wysokości brzucha i nóg (pasmo 1). Jeśli ktoś ma syndrom ofiary w związkach miłosnych, blokada uwidoczni się na meridianie pęcherzyka żółciowego w rejonie klatki piersiowej (połączenie między pasmami 1 i 2). Jeśli ktoś wierzy, że zawsze będzie ofiarą losu, blokada pojawi się wzdłuż meridianu pęcherzyka żółciowego w rejonie głowy (pasmo 2).

Ta wiedza znacznie wpłynęła na moją umiejętność rozpoznawania problemów, których przyczyną są zakodowane w ciele przekonania.

REALIZUJĄC MARZENIA

Na początku sierpnia 2003 roku otrzymałam dyplom w dziedzinie akupresury. Wreszcie miałam pozwolenie, aby dotykać ludzi w celach leczniczych, i mogłam rozpocząć moją nową praktykę. Aby dostać licencję biznesową, musiałam podać adres lokalu, gdzie będę praktykować. Nie miałam jeszcze własnego gabinetu, więc zaczęłam szukać czegoś do wynajęcia, początkowo na jeden lub dwa dni w tygodniu, ponieważ moje fundusze były ograniczone, a klientów na razie brakowało. Rozglądając się za jakimś biurem w pobliskim mieście Auburn, wstąpiłam do księgarni Auburn Alchemy i zobaczyłam tam moją znajomą. Okazało się, że ta księgarnia należy do niej. Zapytałam, czy może wie coś o możliwości wynajęcia niewielkiego lokalu, gdzie mogłabym prowadzić praktykę. Odrzekła, że właśnie rozmawiała ze swoją znajomą, która jest właścicielką kliniki holistycznej i chce wynająć komuś gabinet na półtora dnia w tygodniu. Podczas naszej rozmowy poznałam też inną jej znajomą, która akurat wstąpiła do księgarni. Zainteresowała się moją działalnością i zapisała się na sesję. Następnego dnia sfinalizowałam wynajęcie lokalu. Tak więc miałam już swój gabinet i pierwszą klientkę.

Następnym wyzwaniem był wybór odpowiedniej nazwy, żeby oddawała charakter mojej praktyki. Tu przyszedł mi z pomocą mój syn Grzegorz, który właśnie ukończył studia projektowania graficznego w Instytucie Technologii w Rochester. Zaproponował mi nazwę, logo, wizytówkę i stronę internetową. Nazwa brzmiała „Isedo Therapy", ale wciąż trudno było mi wytłumaczyć potencjalnym klientom, na czym polegają moje sesje. Czekając na wszystkie dokumenty związane z licencją biznesową, proponowałam jednogodzinną darmową sesję dla każdego, kto się pojawi w moim gabinecie przez pierwszy miesiąc.

Musiałam też zdecydować, ile moje sesje będą kosztowały. Tutaj miałam duży problem. Nie wydawało mi się właściwe pobieranie opłaty za miłość i przewodnictwo ze strony siły wyższej. Ale zauważyłam, że wnosząc opłatę, ludzie czuli się bardziej zobligowani do wykonywania wewnętrznej pracy, która była niezbędna. No i musiałam się z czegoś utrzymać!

Chciałam również stworzyć cykl seminariów. I tu okazało się, że mimo całkowitej zmiany profilu działalności, moje metody przygotowywania prezentacji pozostały korporacyjne. Potwierdziło to starą prawdę, którą przyszło mi wielokrotnie odkrywać na nowo, że nie można uciec od samego siebie. Dlatego następnym krokiem w moim biznesie było kupienie laptopa i pisanie prezentacji w programie PowerPoint – inaczej po prostu nie potrafiłam myśleć.

Ciągle również sądziłam, że znam i powinnam stosować struktury marketingowe, które poznałam w świecie korporacyjnym, i nie chciałam porzucić moich przekonań o tym, jak działa biznes. W wyniku tego wpadłam w kłopoty.

UCZĄC SIĘ ZAUFANIA

Pewnego dnia, zdesperowana, poprosiłam w czasie medytacji o pomoc. Chodziło o mój biznes, więc spytałam: „Co dalej? Jak mogę dotrzeć do osób, które potrzebowałyby moich sesji? Proszę o pomoc!". W ciągu pół godziny zadzwonił telefon: ktoś chciał umówić się na spotkanie. W czasie kiedy rozmawiałam, kolejna osoba poprosiła o sesję. Kiedy odłożyłam słuchawkę, zatelefonował jeszcze ktoś i w ten sposób miałam już trzech nowych klientów.

Nie sprecyzowałam dokładnie, czego potrzebuję ani w jakiej postaci ma się to pojawić. Prosiłam jedynie o tylu klientów, żebym mogła rozpocząć praktykę i zapłacić rachunki. Darowałam sobie wszystkie szczegółowe pomysły, co moim zdaniem powinno się wydarzyć, i zaufałam, że Wszechświat będzie wiedział, co mi dostarczyć. Z dziecięcą niewinnością prosiłam o pomoc, zwracając się do duchowej energii Ojca i Matki, gotowa słuchać. Od tego momentu sprawy potoczyły się gładko. Zaczęło się od cyklu trzech seminariów w Auburn Alchemy, które utorowały mi drogę do kolejnego cyklu w Sacramento i następnego w księgarni East-West w Fair Oaks. Ludzie, którzy brali udział w seminarium, często zapisywali się na sesje. Ci, którzy mieli sesje, zapoznawali mnie z innymi, którzy też prosili o sesje, albo z księgarniami, które zapraszały mnie, bym zaprezentowała swoje wykłady. Wiadomości rozchodziły się dość szybko, marketing szeptany działał wspaniale. Było to jak reakcja łańcuchowa.

Co zdumiewające, nic nie robiłam na siłę. Każdego dnia wszystko zdarzało się samo z siebie, i to na każdym poziomie, nie tylko jeśli chodzi o klientów, ale również o mnie. Zawsze działo się właśnie to, czego akurat potrzebowałam. Czasami zdarzało się, że musiałam popracować nad własnymi problemami lub potrzebowałam więcej czasu, aby przetrawić swoje problemy, jakie ukazały mi się w czasie sesji z klientem. Wtedy miałam kilka dni wyciszenia. Jeśli ktoś potrzebował dłuższej sesji, w zagadkowy sposób następna umówiona osoba odwoływała spotkanie, dzięki czemu czas się znajdował. Nie zawsze wszystko działało bezbłędnie, ale zwykle miałam poczucie, że otrzymuję dobrą opiekę i prowadzenie. W lutym 2004 roku przeniosłam swój gabinet z niewielkiego Auburn do śródmieścia Sacramento, gdzie przepracowałam cztery następne lata.

Nic dziwnego, że moje sesje były często zgrane z moim własnym rozwojem. Kiedy zaczynałam dawać sesje, wiedziałam tylko o świadomości Ojca. Stopniowo rozwinęłam w sobie świadomość Matki i zaczęli pojawiać się ludzie z problemami związanymi z tą świadomością. Zajęło mi kolejne dwa lata, aby uwewnętrznić w sobie świadomość Dziecka do tego stopnia, by móc wspomagać innych.

PIERWSZY WARSZTAT

Pierwszy warsztat zorganizowałam dla trzech osób w lecie 2004 roku. Moją intencją było pokazanie uczestnikom, w jaki sposób obserwować swoje ciało, jak zlokalizować i wyraźnie odczuć zablokowaną w ciele energię i w rezultacie doprowadzić do wyleczenia.

Chciałam ich nauczyć, jak dostroić się do duchowej mądrości, aby mogli radzić sobie z codziennymi sytuacjami, nie tworząc nowych blokad. Koncentrowaliśmy się na świadomości Ojca, pracując nad poddaniem się, zaufaniem i akceptacją. Kiedy wspomagałam ich w czasie medytacji, obserwowałam przepływ energii w ich ciele i masowałam te miejsca, gdzie energia była zablokowana. To pozwalało uczestnikom skupić uwagę na przeszkodach, jakie stały na drodze przepływającej energii, a dzięki temu mogłam prowadzić ich przez emocje, wspomnienia i zmianę przekonań, które tę blokadę powodowały. Na początku uczyłam ich o bezwarunkowej miłości Duchowego Ojca, ponieważ w tej sferze czułam się najpewniej. Z biegiem czasu, zyskując coraz większe doświadczenie, rozszerzyłam to o świadomość Matki i Dziecka. Uczestnicy robili duże postępy, transformacja była znacząca.

Od tamtej pory organizowałam warsztaty raz w miesiącu. Dostarczały mi one wielu fascynujących odkryć. Na przykład kiedyś podczas medytacji nad świadomością Matki jedna z kobiet powiedziała, że czuje, jakby miała ciężki kamień w podbrzuszu. Energia przepływała naokoło, ale nie przez to miejsce. Gdy skupiłyśmy się na tym obszarze, zaczęła sobie przypominać emocje i przekonania związane z aborcją, którą miała przed trzydziestu laty. Kiedy zdołała sobie wybaczyć i pojednać się ze sobą oraz z innymi osobami z tamtego okresu, a także ze świadomością nienarodzonego dziecka, blokada rozpuściła się i energia znowu zaczęła przepływać swobodnie. Było dla mnie coraz bardziej oczywiste, że traumatyczne wydarzenia z naszego życia, których odpowiednio nie przepracowaliśmy, blokują energię w ciele i będą ją blokowały dopóty, dopóki sobie z nimi nie poradzimy.

NATURA DUCHOWEGO DZIECKA

W tym czasie zrozumiałam, że zadaniem Duchowego Dziecka jest żyć i doświadczać dzieł stworzenia Ojca oraz zbierać wynikające z tego doświadczenia, mając zapewnioną ochronę i opiekę ze strony Matki. Ilekroć znalazłam się w sytuacji, z którą nie umiałam sobie poradzić, prosiłam boską moc o wsparcie. Zaczynałam od opisu problemu i przyznania się, że sama nie widzę wyjścia z tej sytuacji. Dlatego proszę świadomość Ojca i Matki o prowadzenie i mądrość. Powstrzymywało mnie to od analizowania tysiąca szczegółów i szukania rozwiązań. Zamiast tego uspokajałam umysł i czekałam na odpowiedź. Nie mogłam niczego usłyszeć, dopóki nie znalazłam się w przestrzeni poddania i zaufania i nie wyciszyłam myśli. Kiedy rozwiązanie przychodziło, przeważnie było tak proste i oczywiste, że aż cisnęło mi się na usta: „Dlaczego nie wpadłam na to wcześniej?”. Zawsze miało tę szczególną jakość, wykraczającą poza to, co umysł zdołałby mi podsunąć.

Widziałam wyraźnie, że moje lekcje życiowe układają się na zasadzie logicznego procesu, na którym mogę polegać i któremu mogę zaufać. Kiedy zdarzała mi się trudna sytuacja, wtedy modlitwa, mantra albo jakaś pieśń o właściwej wibracji przychodziła na pomoc i pozwalała mi rozwiązać problem. Czasem trwało to długo – upływały dni albo tygodnie, zanim znalazłam rozwiązanie i mogłam w pełni uwewnętrznić nowe zrozumienie. Kiedy problem zostawał rozwiązany, wydawało się, jakby ten fakt przekazano przez radio, bo natychmiast pojawiało się wielu nowych klientów z podobną sprawą. A ja mogłam ich zrozumieć z większym współczuciem, bo sama to właśnie przeżyłam.

Ta sama głęboka wiara odnosiła się do mojej praktyki zawodowej. Podczas sesji i warsztatów budowałam obszar zaufania do boskiego prowadzenia, dzięki czemu otrzymywałam wszystko, co było mi potrzebne, aby towarzyszyć mojemu klientowi. Musiałam jedynie poddać się przewodnictwu, które dostawałam. Czasem było to niełatwe, bo w naturalnym odruchu chciałam pomóc ludziom rozwiązać ich problem jak najszybciej, ale tu konieczna była cierpliwość i zrozumienie, że mogę posuwać się tylko tak prędko, jak oni chcą iść. Musiałam im dać czas na zrozumienie i wewnętrzne przetrawienie każdego problemu nawet wtedy, gdy dokładnie znałam odpowiedź. Próby wytłumaczenia tego klientom prowadziły donikąd. Słuchali, ale nic się nie zmieniało. Każdy musiał sam dojść do swoich wniosków.

W czasie jednego z warsztatów stało się oczywiste, że powinnam nauczyć moich studentów, jak odczuwać i lokalizować blokady energetyczne u innych osób, tak aby każdy z nich również mógł prowadzić tego typu sesje. Nie wiedziałam, jak ich tego nauczyć, bo nie miałam wystarczającego zasobu słów, aby precyzyjnie to opisać. Rozpoczęłam warsztat w piątek wieczorem, ale ciągle nie byłam pewna, jak przekazać te informacje. Tego wieczora przed snem medytowałam nad tym pytaniem. Nad ranem obudziłam się z odpowiedzią: „Ucz telepatycznie". Następnego dnia, gdy położyliśmy jednego z uczestników na stole i stanęliśmy w kręgu, zapytałam któregoś ze studentów czy chciałby nauczyć się odczuwać energię u innych osób. Stojąc za nim z tyłu, wyobrażałam sobie, że stanowimy jedność. Trzymając ręce na jego ramionach, poprzez jego ręce odczuwałam energię osoby leżącej na stole, tak jak zwykle to robię. Bez słów byłam zdolna komunikować mu wszystko to, co czułam, tak żeby on sam mógł bezpośrednio odczuwać energię płynącą przez jego ręce. Zadziałało wspaniale i od tego momentu stosowałam tę metodę na kolejnych warsztatach.

MEDYTACJA DUCHOWEGO DZIECKA

Zadaniem Duchowego Dziecka jest doświadczanie życia i wzrastanie zgodnie z mądrością, która pochodzi z doświadczenia. W tej medytacji patrzę, jak wyglądają moje odczucia, kiedy „ja jestem" w różnych aspektach życia. Koncentruję się na kolejnych poziomach mojego ciała i powtarzając: „Ja jestem", obserwuję pojawiające się reakcje. Pytam siebie: „Co to oznacza: iść ścieżką własnego życia? Jakiego rodzaju doświadczeniem jest życie na Ziemi?". Powtarzam to kilka razy i słucham wszystkich odpowiedzi, szczególnie tych, które zawierają jakiś opór lub obiekcje.

1. Skupiam się na stopach mocno stojących na podłodze.
   Jestem.
   Idę ścieżką mojego życia z miłością i pasją.
   Jestem szczęśliwa, kiedy wyskakuję rano z łóżka i cieszę się na nowe doświadczenia, jakie dziś przyniesie mi życie.

2. Skupiam się na moich nogach.
   Jestem.
   Jestem zdolna zaakceptować to, co przynosi życie z całą swoją różnorodnością.

3. Skupiam się na moich biodrach.
   Jestem częścią społeczeństwa.
   Czuję się bezpieczna i akceptowana.

Każdy jest tutaj, żeby wzbogacać moje doświadczenie.
Jest tu dla mnie miejsce i tutaj przynależę.

4. Skupiam się na brzuchu.
Jestem.
Jestem częścią mojej rodziny. Należę do niej.
Moja rodzina mnie wspiera.
Doświadczam, co to znaczy być dzieckiem, krewnym, rodzicem w mojej rodzinie.
Jestem integralną częścią mojego zespołu w pracy. Należę do niego.
Mój zespół mnie wspiera.

5. Skupiam się na splocie słonecznym.
Jestem.
Jestem wartością. Jestem wartościowa. Mam swoją wartość.
Lubię i doceniam siebie.
Zasługuję na miłość.

6. Skupiam się na sercu, ramionach i rękach.
Jestem.
Daję i otrzymuję miłość.
Bezpiecznie jest kochać, a miłość nigdy nie rani.

7. Skupiam się na gardle.
Jestem.
Pragnę podążać za przewodnikiem, jakim są Duchowy Ojciec i Duchowa Matka.
Jestem uczciwa, komunikując się z innymi.
Mówię prawdę.

8. Skupiam się na oczach i czole.
Jestem.

Akceptuję fakt, że wszystko dzieje się z jakiegoś powodu.
Łączę intuicję i doświadczenie, żeby widzieć większy obraz i dostrzegać różne niewidoczne połączenia, przyczyny, związki, zależności.
Ufam, że wszystko podlega boskiemu porządkowi.

9. Skupiam się na czubku głowy.
Jestem.
Otwieram umysł na przewodnictwo Duchowego Ojca.
Akceptuję wszystko, co z niego wynika.
Ufam, że dzięki Duchowej Matce jestem pod całkowitą opieką i mam wszystko, czego potrzebuję.
Zawsze słucham jej rad.

PODSUMOWANIE

Połączenie wiedzy o chińskich meridianach akupresurowych i poziomach świadomości, które poprzednio określiłam, pozwoliło mi stworzyć bardziej kompletny, całościowy obraz tego, gdzie w ciele zapamiętywane są poszczególne wydarzenia i aspekty życia. W czasie wielkich przemian w moim życiu nauczyłam się, jak polegać na przewodnictwie, które otrzymywałam z Duchowego Źródła. Medytowałam zawsze, kiedy potrzebowałam jasności spojrzenia i zrozumienia – czy było to w czasie jazdy samochodem, czy kiedy robiłam zakupy, czy też siedziałam na spotkaniu biznesowym. W czasie moich sesji polegałam na tych wszystkich odkrytych połączeniach i używałam ich, by asystować moim klientom w czasie ich transformacji.

Rozwijanie zaufania wobec duchowego wsparcia było kluczem do stworzenia mojej terapii Isedo. W ciszy obserwowałam, jak duchowość przejawia się w czasie mojej pracy, kiedy stopniowo pogłębiałam rozumienie natury świadomości. To samo zaufanie towarzyszyło mi też w moim własnym rozwoju, kiedy przechodziłam własne lekcje życia. Bardzo interesujące, że kiedy kończyłam przemiany związane z Duchową Matką i przystępowałam do poznawania Duchowego Dziecka, moja córka Marta przeniosła się do Nowego Jorku, a syn Grzegorz sprowadził się z Rochester do gościnnego jednopokojowego mieszkania w moim domu.

NOWE PRZEKONANIA

- *Punkty akupresurowe w ciele mają nazwy, które korespondują z problemami psychologicznymi, jakie są tam zgromadzone.*
- *Miejsce problemu w ciele określone jest przez rodzaj emocji i aspekt życia, do którego się odnosi.*
- *Wychodząc z przestrzeni Duchowego Dziecka, rozumiem, że nie jest moją rolą decydować, jak problemy powinny być rozwiązane. Powinnam tylko określić, jak doświadczam obecnej sytuacji i na czym polega mój problem. W ten sposób formułuję rodzaj mojego doświadczenia, zwracając się o pomoc do Duchowej Matki i Duchowego Ojca, by zadać im pytania oraz prosić ich o przewodnictwo i wsparcie.*
- *Wydarzenia z mojego życia, które nie zostały energetycznie przepracowane, będą obecne w moim ciele, blokując przepływ energii dopóty, dopóki się z danym problemem nie uporam.*
- *Wszystko dzieje się z jakiegoś powodu. Nie ma przypadków ani zbiegów okoliczności.*

WEŹ GŁĘBSZY ODDECH, TERAZ CHWILA DLA CIEBIE

- Czy doświadczyłeś kiedyś intuicyjnej wiedzy o czymś, co miało dopiero nadejść, i wykorzystałeś tę intuicję, by uniknąć niekorzystnej sytuacji?
- Czy zauważyłeś, że kiedy zmieniasz sposób myślenia o problemie, następuje znacząca zmiana w twoim życiu?

PODSUMOWANIE CZĘŚCI III

Życie to tajemnica, którą trzeba przeżyć, a nie problem, który trzeba rozwiązać.

Søren Kierkegaard

ZASADY ŻYCIA W UOSOBIENIU TRÓJCY

W tej części książki mówiłam o tym, jak w czasie sesji z klientami dostrajam się do świadomości Duchowego Ojca, Duchowej Matki i Duchowego Dziecka. Każdą z tych części świadomości mogę sobie wyobrazić jako częstotliwość lub wibrację, do której się dostrajam, i dzięki temu mogę zrozumieć jej mądrość. A potem mogę to zastosować w swoim życiu. Dostrajam się poprzez uosobienie, czyli przeżywanie wartości reprezentowanych przez każdy z tych symboli, czyli do świadomości Boga Ojca – przez bezwarunkową miłość; do świadomości Syna – przez wiarę, zaufanie i pasję do życia; do świadomości Matki – przez bezwarunkową akceptację, zrozumienie i ochronę życia.

Kiedy potrafię zharmonizować te energie wewnątrz siebie i zgrać się z nimi, staje mi się dostępna bardzo szczególna wiedza i mądrość. Rozumiem ich treść i znaczenie w codziennym życiu. Czuję wtedy moc, by reprezentowane przez tę Trójcę atrybuty zastosować w życiu i włączyć w swoje doświadczenia na planie fizycznym.

Chcę podkreślić, że traktuję każdy aspekt świadomości w sposób symboliczny. Energie Ojca, Matki i Dziecka są wzorcami uniwersalnymi, ale reprezentują zarazem części świadomości, które odnajduję w sobie. To jest taki wewnętrzny dialog pomiędzy częściami mnie.

Kiedy poprzez bycie bezwarunkową miłością łączę się ze świadomością Ojca, dostrajam się do mądrości w zakresie jego atrybutów: zrozumienia sytuacji, tworzenia wizji i zalążka rozwiązań, krystalizacji ziarna projektów, formułowania myśli przewodniej i kierunku działania. Czuję się wtedy w każdym momencie prowadzona. Wiem także, że wizja Ojca zawsze zmierza do ustanowienia podstaw harmonii w świecie. Doświadczałam tego wiele razy przy różnych okazjach, szczególnie kiedy rozpoczynałam moją praktykę Isedo. Każdego dnia wszystko działo się jakby samo z siebie, jakbym była prowadzona wizją tego, co tworzyłam, i kontaktem z tą świadomością we wszechświecie. Czułam wszechogarniający spokój i zaufanie, kiedy łączyłam się z mądrością Boga Ojca. Nie mam tu na myśli bezczynnego siedzenia. Przeciwnie, oznacza to potrzebę włączania powyższych zasad we wszystko, co robię. Życie świadomością Ojca oznacza bycie obecnym i otwartym i branie pod uwagę jego przewodnictwa bez żadnych wstępnych założeń. Podstawowe pytanie brzmi: jak być jego świadomością na Ziemi?

Przyznaję, że czasami chciałam użyć swojej wiedzy z dziedziny marketingu i wtedy myślałam, że wiem, jak to zrobić. Wówczas jednak wszystko się rozpadało i moja praktyka z piskiem hamowała. Działo się tak nie dlatego, że moja wiedza marketingowa była zła lub bezużyteczna, ale dlatego, że uznając, że „wszystko wiem" odłączałam się od prowadzenia. Wtedy znowu poddawałam własne pomysły, medytowałam, zaczynałam słuchać i mogłam posunąć się parę kroków dalej.

Świadomość Matki daje mi doświadczenie innego aspektu miłości. Wtedy dostrajam się do bezwarunkowego otrzymywania, akceptowania i bycia pod opieką. Pozwalam sobie na to, żeby otrzymywać i być chronioną. Powinnam akceptować życie takie, jakie jest, z jego lekcjami, ponieważ to zapewnia nieustanne wsparcie. Atrybuty Duchowej Matki to bezwarunkowa akceptacja Dziecka, ochrona i stwarzanie warunków do rozwoju i wzrostu. Matka ochrania i wspiera, ale tylko wówczas, gdy Dziecko realizuje idee Ojca. Jeżeli tego nie robi, to nie zmierza ku tworzeniu harmonii w świecie i wtedy wewnętrzna komunikacja z opiekuńczą Matką zostaje zamknięta. Kiedy uwewnętrzniam świadomość Matki, jestem zdolna objąć nią innych w moim życiu. I odwrotnie, kiedy próbuję kontrolować to, co otrzymuję, zamykam sobie drzwi i uniemożliwiam ochronę. Pozostaję wtedy samotna i bezbronna.

Natomiast świadomość Duchowego Dziecka to pasja do życia i doświadczania. Kiedy akceptuję energię Dziecka, rozumiem to jako gotowość do zawierzenia i poddania się myśli Ojca i doświadczania jego wizji i idei w codziennym życiu. Atrybuty Dziecka to bezwarunkowe zaufanie do Ojca, że ustali właściwy kierunek i zapewni ciągłość prowadzenia; otwartość na bycie prowadzonym; chęć doświadczania wszystkiego, co pochodzi z idei stwórczej Ojca; i bycie tu i teraz. Dziecko przyjmuje idee Ojca i z pasją odkrywcy chce zobaczyć, jak żyje się nimi na co dzień. Bada bez żadnych ograniczeń, wierząc, że Ojciec nada kierunek. Z tych doświadczeń czerpie wiedzę, co działa, a co nie działa, i które idee wymagają korekty. Niezbędna jest tu całkowita szczerość odczuwania. Jeżeli Dziecko hamuje swoje odczucia, uniemożliwia skuteczną komunikację z Ojcem, gdyż Ojciec, nie mając dokładnej relacji z doświadczania swoich idei, nie widzi potrzeby wprowadzania w nich zmian. Z drugiej strony potrzeby dziecka także muszą być z pełną uczciwością przekazywane Duchowej Matce. Nie może być to lista życzeń naszego umysłu, ale muszą to być prawdziwe potrzeby odczuwane poprzez ciało. Uwewnętrzniając energię Dziecka, żyję zgodnie z przeświadczeniem, że energie Matki i Ojca są zawsze obecne i gotowe mnie prowadzić, ochraniać i zapewniać mi wszystko, co jest potrzebne w codziennym życiu.

Aby w pełni korzystać z mocy działania tej Trójcy w moim życiu, nauczyłam się, jak energie Duchowego Ojca, Duchowej Matki i Duchowego Dziecka funkcjonują razem i jak polegać na każdej z nich.

MOJA ŚCIEŻKA PRZEMIAN

Przez wiele lat czułam ból innych i usiłowałam znaleźć sposób, jak się od tego uwolnić. Starałam się ocenić problem i rozwiązać go na podstawie wiedzy i doświadczenia, jakie zgromadziłam przez lata. Próbowałam różnych metod przez dziesięć lat, ale zupełnie bezskutecznie. Nie udawało mi się to, dopóki – dzięki medytacji – nie zdołałam uwewnętrznić bezwarunkowej miłości, i dopiero wtedy zrobiłam postęp. Kiedy dotarłam do tego etapu, rozwiązania problemów zaczęły pojawiać się same, wykraczając daleko poza moją wiedzę i doświadczenie. Tak narodziła się terapia Isedo. Ale wcześniej musiałam porzucić pomysł, że moje ograniczone poglądy pozwolą mi rozwiązać problemy moje i moich klientów. Każda sesja była dla mnie nowym wyzwaniem i okazją do poszerzenia horyzontów.

Podczas sesji poddawałam się prowadzeniu bez żadnych wątpliwości, pilnując tylko, abym była we właściwej wibracji. Gdy ja wchodziłam w ten stan dostrojenia, u moich klientów pojawiały się chwile olśnienia i nagle odkrywali rozwiązania swoich problemów. Zaczynali rozumieć złożoność swoich trudności życiowych, ich podłoże oraz przyczyny ukształtowania się określonych przekonań, które do nich doprowadziły. Obserwowałam rezultaty i uczyłam się z wiedzy, która płynęła dla moich klientów. Gromadziłam doświadczenia jak dziecko obserwujące pracę ojca.

Dopóki nie uwewnętrzniłam energii Matki, nie czułam dostatecznego wsparcia i ochrony, żeby zdobyć się na podjęcie decyzji o zmianie zawodu. Musiałam poddać moje systemy obronne i zaakceptować życie tak, jak się przejawiało, podtrzymując zaufanie, że wszystko, czego potrzebuję w procesie przemian, będzie mi zapewnione.

Krótko mówiąc, aby znaleźć rozwiązanie moich bólów, musiałam uwewnętrznić energie Duchowego Ojca, Duchowej Matki i Duchowego Dziecka i poczuć je w sobie. Polegało to na zaakceptowaniu nowych przekonań wykraczających poza to, co dotychczas wiedziałam. Musiałam zaufać, że wsparcie nadejdzie, nawet jeśli nie miałam pojęcia skąd. I musiałam bardzo chcieć podejmować ryzyko oswajania się z przewodnictwem, które otrzymywałam.

Przekonania na temat tego, co jest możliwe, a co nie, są bardzo dominujące, choć nawet nie zawsze jesteśmy ich świadomi. Nie zdajemy też sobie sprawy z tego, jak bardzo nas powstrzymują. Oto niektóre przykłady tych ograniczających przekonań, z którymi się borykałam.

- Lubię moją terapię, ale nie ma z tego pieniędzy.
- Boję się ośmieszyć.
- Boję się, że rozczaruję moich przyjaciół, rodzinę i dzieci.
- Pełna kontrola to jedyny sposób, żeby się zabezpieczyć.
- Nie mogę sobie pozwolić na to, żeby być tak bardzo wrażliwa, podatna na zranienie.
- Nie mogę tylko słuchać, muszę sama o czymś decydować.
- Mogę nie być w stanie zabezpieczyć własnego bytu.

Musiałam pamiętać o tym, że zawsze mogę zdecydować, jak chcę zareagować na pojawiającą się sytuację. Kiedy już wybiorę, podążam za tą decyzją i sposobem myślenia. Tak jest z każdym wyborem, więc muszę go dokonywać bardzo ostrożnie. Kiedy tylko przyłapuję się na tendencji do negatywnego myślenia, jak osądzanie lub gniew, mogę znowu wrócić do równowagi, dostrajając się do wyższej wibracji świadomości symbolizowanej jako Ojciec, Matka lub Dziecko. Pod kierunkiem tych trzech aspektów Duchowej Świadomości mogłam rozpocząć terapię Isedo.

NOWE PRZEKONANIA

- *Duchowość jest niezbędnym aspektem mojego codziennego życia. Obserwując subtelne reakcje mojego ciała na wybierane przeze mnie rozwiązania, mogę określić prawidłowość moich działań.*
- *Pozwalam bezwarunkowej miłości i pasji życia tworzyć nowe idee, bez żadnych ograniczeń. Całkowicie poddaję się w tym i ufam Duchowemu Ojcu, który jest we mnie.*
- *Akceptuję każdą nową ideę daną mi przez świadomość Ojca i pozwalam jej wzrastać we mnie, ufając, że prowadzenie Ojca będzie dostępne w każdej chwili i pokaże mi, jak wzmacniać i wspierać tę ideę.*
- *Mogę ufać duchowemu prowadzeniu, że dostanę takie lekcje, jakie mi są potrzebne, kiedy przyjdzie na nie pora.*
- *Energie Duchowego Ojca, Duchowej Matki i Duchowego Dziecka działają razem i polegają na sobie wzajemnie.*
- *Każdy z tych aspektów duchowości przejawia się na wszystkich poziomach świadomości.*

WEŹ GŁĘBSZY ODDECH, TERAZ CHWILA DLA CIEBIE

- Czy pamiętasz czas, kiedy przyszło do ciebie rozwiązanie sytuacji, które wykraczało poza twój poziom pojmowania w tamtym momencie?
- Czy pamiętasz, co się wtedy stało, że mogłeś widzieć dalej, niż sięgały w tamtej chwili możliwości twojego umysłu?
- Czy zaobserwowałeś, jakie warunki poprzedziły twój moment olśnienia? Czy możesz teraz te warunki odtworzyć?

Część IV

Terapia Isedo

WPROWADZENIE

Podstawą filozofii terapii Isedo jest moje zrozumienie, że naszym celem bycia tutaj na Ziemi jest tworzenie i przekształcanie przekonań, czyli poznanie, zrozumienie i transformacja świadomości. Jesteśmy twórcami naszych poglądów. Kiedy mówimy sobie: „To działa tak i tak", tworzymy nowe przekonanie, które jest zapamiętywane w naszym ciele. Potem w codziennym życiu sprawdzamy z każdego punktu widzenia, czy to przekonanie jest prawdziwe. Nasze ciało pomaga nam w rozpoznawaniu prawdziwości naszych poglądów. Jeśli nie pozostają one w zgodzie z Uniwersalną Prawdą (w spójnej wibracji z nią), ciało odczuwa dyskomfort. Nie znosi nieprawdziwych przekonań, więc daje nam to odczuć, najpierw w formie napięć, potem bólu i w końcu choroby. Jeśli wybraliśmy przekonanie zgodne z Uniwersalną Prawdą, odczuwamy radość i spokój. Życie daje nam wiele możliwości sprawdzenia i zweryfikowania naszych poglądów. Za każdym razem kiedy doświadczamy powtarzającej się sytuacji napięcia, bólu lub dyskomfortu, możemy albo zmienić przekonanie, które się za tą sytuacją kryje, albo sztywno trzymać się starych poglądów. Możemy wierzyć albo w ograniczoną prawdę kontekstową i żyć jak dotychczas, albo w ożywczą Prawdę Uniwersalną umożliwiającą uzdrowienie.

Wyjaśnię, co rozumiem przez Prawdę Uniwersalną, w rozdziale 14. Na razie proszę, zauważ różnicę między dwoma następującymi stwierdzeniami: „Zawsze miałam wiele okazji, żeby być szczęśliwą w życiu" i „Mnie się nigdy nic nie udaje – inni zawsze mają więcej szczęścia niż ja". To drugie może się w danej chwili wydawać prawdziwe w kontekście czyjegoś życia, ale ogólnie jest ograniczeniem, które zawęża możliwości życiowe i w pewnym momencie zaowocuje dysharmonią w ciele. To jest prawda tymczasowa, kontekstowa i uwarunkowana. Pierwsze stwierdzenie nie mówi, czy dana osoba wykorzystała wszelkie okoliczności, czy nie, ale jest w nim wiara i zaufanie do życia, co pozwala być otwartym na możliwości.

Obserwując w swojej praktyce różne osoby, widziałam, że kiedy ludzie przetworzą ograniczające przekonanie, zmienia się całe ich życie. W tej części książki opowiem kilka historii moich klientów, które ukazują, jak zmieniało się ich życie, w miarę jak przekształcali ograniczające ich przekonania.

Rozdział 12

ZASADY

JAK TERAPIA ISEDO ROZPOCZYNA PROCES PRZEMIAN

Nie możesz niczego nauczyć człowieka, możesz jedynie pomóc mu odkryć to w jego wnętrzu.

Galileusz

CO RAZ CI POMOGŁO, NIE MUSI BYĆ TWOJĄ PRAWDĄ NA ZAWSZE

Kiedy w 2003 roku zaczęłam pracować na pełnym etacie jako terapeuta, codziennie widywałam ludzi zmagających się z różnego rodzaju dolegliwościami. Przeważnie przychodzili do mnie, bo dokuczał im chroniczny ból albo choroba w jakiejś części ciała, a wszystkie inne metody leczenia nie dawały rezultatów. Obserwowałam przepływ energii w ich ciele i odnajdywałam miejsca, które były niedostrojone, zaburzone – tak jak struna w nienastrojonym instrumencie. Określając to precyzyjniej: gdy koncentrowałam się na tych miejscach, słyszałam coś, co przypominało zgrzyt lub skrzypienie kredy na tablicy. Pomagałam moim klientom skoncentrować uwagę w tych częściach ciała, skupić się na tym dysonansie, a ja jednocześnie utrzymywałam własne ciało w świadomości Ojca-Matki-Dziecka. Kiedy docieraliśmy do bolącego miejsca, otwierały się wspomnienia; klient często zaczynał przypominać sobie wydarzenia z przeszłości i uczucia, które mu wtedy towarzyszyły. Idąc po nitce uczuć, dochodziliśmy do szczegółowego przypomnienia, kiedy tego rodzaju odczucia pojawiły się po raz pierwszy i jaki mechanizm obronny został wtedy stworzony. U podstawy tamtego wspominanego wydarzenia leżało sformułowane wówczas przekonanie o sobie, o świecie, o życiu w ogóle i o innych. Często pozwalało ono stłumić ból związany z tą sytuacją. Ale chociaż wtedy chwilowo pomogło, na dłuższą metę nie było pomocne, bo było nieprawdziwe i często bardzo ograniczające. Jednak stawało się fundamentem mechanizmu obronnego stosowanego podświadomie przez długie lata.

Stopniowo tworzył się przede mną obraz mechanizmów działania świadomości. W czasie naszej drogi przez życie pewien rodzaj sytuacji zaczyna się powtarzać, powodując ten sam rodzaj bólu lub cierpienia, i skłania nas to w końcu do przyjrzenia się przekonaniom, które podświadomie nami rządzą. Kolejne takie sytuacje aktywują stare przekonanie, które rzekomo chroni nas przed tym pierwotnym bólem. Wtedy mamy możliwość albo zrewidować to przekonanie i wprowadzić na to miejsce inne, albo wzmocnić stary mechanizm obronny. Niestety, wzmacnianie ograniczającego przekonania powoduje dalsze zablokowanie energii, jak również fizyczne rozszerzanie i pogłębianie się problemu. Jeśli to obronne myślenie będzie się często powtarzało, przejawi się jako fizyczny ból, który w końcu doprowadzi do choroby. Duchowa mądrość pozwala ciału zwrócić uwagę na zablokowaną energię, która potrzebuje uleczenia. Ten proces będzie się powtarzał, dopóki świadomie nie zmierzymy się z tą początkową przyczyną i nie przekształcimy naszego mechanizmu obronnego. Leczenie może się rozpocząć natychmiast albo zostać odwleczone w czasie, nawet na całe życie, zależnie od naszej zdolności i chęci przepracowania tego problemu oraz gotowości do zmiany tej części naszej świadomości.

W zasadzie bardzo często nie wiemy, jak podświadomość kieruje naszymi zachowaniami. Uruchamiają się one dużo szybciej, niż świadomość może to zaobserwować. Dopiero refleksje nad naszymi reakcjami i postępowaniem pozwalają nam zrozumieć ich naturę. Jeśli przeżyliśmy jakieś traumatyczne wydarzenie, mamy skłonność do skrywania wszelkich związanych z nim skojarzeń, gdyż często przypominają nam odczuwany wówczas ból. Kiedy tylko zaczynamy go czuć ponownie, zazwyczaj od razu włącza się mechanizm obronny. Moim zadaniem podczas sesji jest utrzymywanie we własnym ciele wibracji bezwarunkowej miłości, żeby klient czuł się bezpiecznie i mógł zaobserwować swoje ograniczające przekonania. Zadając mu pytania, prowadzę go, by zobaczył pełny obraz tego, jak te przekonania powodują brak harmonii w jego życiu. Wraz ze wrastającym zrozumieniem klient zaczyna się dostrajać do swojej wyższej energii i może wreszcie dostrzec prawdę o przyczynach swoich problemów. Wówczas przystępujemy do rozważenia możliwości wprowadzenia innych poglądów, zastępujących te szkodliwe i ograniczające. Dążymy do stworzenia nowego mechanizmu reagowania w podobnych sytuacjach.

Teraz zaczyna się prawdziwa praktyczna praca. Wymiana starego przekonania na nowe wymaga świadomej praktyki, aż zostanie ono dobrze ugruntowane i pojawi się jako zapis w naszej podświadomości. Ponieważ stary pogląd był wzmacniany przez całe miesiące, lata albo dziesięciolecia, musimy podjąć świadomą codzienną praktykę umacniania nowego przekonania, aż stanie się ono automatyczne.

Podtrzymywanie nowego przekonania – poprzez powtarzanie i wzmacnianie – jako nowej prawdy jest bardzo istotne, aby pozbyć się bólu na stałe.

ISEDO W PIGUŁCE

Moja rola jako terapeuty Isedo polega na tym, aby wspomóc klientów w skupieniu świadomości na miejscu, gdzie tkwi blokada energetyczna, czyli tam, gdzie w ciele został zapamiętany „zapętlony" pogląd. Aby umożliwić komuś „wgląd" w świadomość, ja sama muszę być w stanie bezwarunkowej miłości. Wtedy mój klient dostraja swoją energię do poziomu, na którym może:

- *skupić uwagę na konkretnym miejscu blokady;*
- *pozwolić sobie poczuć zablokowane tam emocje;*
- *w bezpiecznych warunkach przeżyć na nowo pierwotną sytuację, która doprowadziła do wykształcenia się tego mechanizmu obronnego;*
- *zrozumieć istotę danego mechanizmu;*
- *wytworzyć nowy mechanizm obronny, który pochodzi z przestrzeni bezwarunkowej miłości;*
- *nauczyć się, jak wzmacniać ten nowy mechanizm obronny poprzez obserwację swoich reakcji w podobnych sytuacjach i dokonywanie wyborów zgodnych z tym nowym mechanizmem.*

Praktyką Isedo właściwie nikogo nie leczę. Umożliwiam tylko klientom samodzielne leczenie się dzięki temu, że towarzyszę im w procesie rozumienia tego, co stoi na przeszkodzie, aby byli w pełni zdrowia. Z moją pomocą uczą się, jak przekształcać blokady w siłę napędową przemian.

WEŹ GŁĘBSZY ODDECH, TERAZ CHWILA DLA CIEBIE

- Czy możesz wymienić przekonania, które wleczesz za sobą, a które nie pomagają ci teraz w życiu?
- Czy zauważyłeś, że powtarzasz stare i ograniczające wzorce, które wydają się niemożliwe do zmiany?
- Czy kiedyś zastanawiałeś się, jakie ograniczające przekonania mogą powodować powtarzanie się tych wzorców?
- Jeśli miałbyś wybór, jakie przekonania wolałbyś mieć w tej sytuacji?
- Jak mógłbyś ugruntować nowy pogląd w swoim codziennym życiu?

Rozdział 13

PRZYKŁAD: DLACZEGO ZAWSZE JA?

Każda ludzka istota jest autorem swojej choroby albo swojego zdrowia.

Budda

HISTORIA SARY

Sara wzrastała pod wpływem silnego charakteru ojca. Był wysoki, przystojny i apodyktyczny. Lata służby wojskowej uczyniły z niego żołnierza, władczego i zdyscyplinowanego. Miał wysokie oczekiwania wobec swoich dzieci, wymagał dobrego zachowania w domu i najlepszych wyników w szkole. Największym nieszczęściem dla Sary było rozczarować ojca. Bardzo się starała, żeby go zadowolić, i była bardzo ostrożna, żeby nie utracić jego łask. Na pewnym poziomie wierzyła: „Jeśli spełnię oczekiwania ojca, będę kochana i akceptowana". Dobre stopnie, czysty pokój i brak poważnych wpadek pozwoliły Sarze przebrnąć przez dzieciństwo z czystą kartą. Skończyła uniwersytet z wyróżnieniem. Wydawało się, że osiągnęła wszystko, co należało, i miała nadzieję, że przyniosła ojcu chlubę i może być z niej dumny.

Zaraz po studiach zaczęła pracę w dużej korporacji. Jej nowy szef był bardzo surowy i stawiał jej wysokie wymagania. Żądał, aby dopracowywała każdy szczegół... i często sam zbierał pochwały za to, co zrobiła i co osiągnęła. Sara uważała takie zachowanie za naturalne, bo zawsze czerpała poczucie dumy z tego, że ojciec jest z niej zadowolony. Nie było niczego, co szef mógłby na nią zrzucić, czego sama by wcześniej nie dostrzegła. Te wyzwania cieszyły ją i nie tylko chciała im sprostać, ale nawet przekraczała jego oczekiwania.

Im bardziej udowadniała, że jest zdolna wszystkiemu podołać, tym więcej pracy i odpowiedzialnych zadań jej przydzielał. Za każdym razem, podejmując wyzwanie, pracowała ciężej i wydajniej – w efekcie zabierając robotę do domu i pracując w weekendy, żeby nie zawalić terminów. Nie przyszło jej nigdy do głowy powiedzieć „nie" albo poinformować szefa, jak wiele wysiłku ją kosztuje, żeby zdążyć ze wszystkim na czas. Jej nawykowe dążenie do zaspokajania czyichś żądań prowadziło do podejmowania coraz większego wysiłku, aż w końcu dopadł ją stres i się rozchorowała.

Siedząc w domu na zwolnieniu, czuła się przegrana. Wiedziała, jak bardzo szef jest rozczarowany, że wzięła zwolnienie. Bardzo się bała powrotu do biura, wiedząc, że piętrzy się tam zaległa robota. Sara pragnęła tylko, żeby szef był z niej zadowolony i żeby docenił fakt, że naprawdę dobrze pracuje. „Przecież nie ma nic złego w tym, że chcę pokazać, że coś potrafię, i chcę, żeby był ze mnie zadowolony" – myślała.

Długie lata zwyczajowego myślenia: „Jeśli wywiążę się z moich obowiązków, będę kochana i akceptowana" zainstalowały w jej podświadomości program, który automatycznie się włączał, gdy napotykała w życiu władczą, apodyktyczną osobę. Był to mechanizm nieświadomy, który stosowała wobec swojego ojca, a potem wobec szefa. Ale tym razem wymagania były za duże, znacznie większe, niż mogła im sprostać. Ucierpiało jej zdrowie. Zrozumiała, że coś trzeba zmienić.

JAKI MORAŁ WYNIKA Z HISTORII SARY

Historię Sary prawie każdy zna z własnego życia, przerabialiśmy ten model niemal wszyscy. Każdy z nas w dzieciństwie stykał się z setkami przekonań i punktów widzenia. Uczymy się od rodziców, rodziny, przyjaciół i środowiska, w którym dorastamy. Niektóre poglądy są wyniesione z naszych doświadczeń, ale większość spreparowali inni i potem nam je przekazali. Szczególnie w dzieciństwie jesteśmy jak gąbka, wchłaniając wszystko, co się wokół nas dzieje. Często ślepo przyjmujemy czyjeś poglądy, przekonani, że „tak po prostu jest" lub „taka jest prawda". Otoczenie, w którym przebywamy, może być konserwatywne albo liberalne, mieć określone gusty kulinarne albo opinie na temat świata, a my zwykliśmy przyjmować te poglądy tak, jakby były nasze własne. Nie przychodzi nam na myśl, by sprawdzić te opinie lub przepuścić je przez własne doświadczenia. Wiele z tych opinii lub upodobań nie ma dużego znaczenia ani większych konsekwencji. Na przykład nie wpływa znacząco na nasze życie wpojone nam przekonanie, że brokuły są lepsze niż kalafior albo że ford jest lepszy niż citroen. Jednak niektóre opinie mogą poważnie wpłynąć na nasze życie. Na przykład silna wiara w to, że „mnie zawsze wiatr wieje w oczy" lub „inni zawsze mają lepiej" albo „nie zasługuję na nic lepszego", może zadecydować o tym, jaką wybierzemy szkołę, kogo poślubimy, gdzie zamieszkamy i jak daleko zajdziemy w karierze zawodowej.

Podczas sesji z Sarą byłyśmy w stanie zlokalizować te miejsca w jej ciele, gdzie przechowywała ograniczające przekonania o sobie i o swoich relacjach z ojcem. W krótkim czasie umiała zjednoczyć się z uczuciami, które zgromadziły się w jej ciele. Poinformowała mnie o nich i zagłębiła się w te uczucia aż do chwili, kiedy rzeczywiście pozwoliła sobie znowu silnie ich doświadczyć. Przypomniała sobie wyraźnie pewne zdarzenie z dzieciństwa, związane z ojcem, które mogło być pierwotną przyczyną tego sposobu myślenia. Będąc w przestrzeni bezwarunkowej miłości, Sara była zdolna wyraźnie zobaczyć, że opinia: „Jeśli zaspokoję..., będę kochana i akceptowana" – nie jest prawdą, i potrafiła przekształcić ten pogląd. Wkrótce po tej transformacji ból w ciele ustąpił. Teraz Sara mogła zaszczepić w sobie nowy życiowy pogląd: „Gdy jestem miłością, jestem kochana i akceptowana". Z biegiem czasu, praktykując ugruntowanie tego poglądu, Sara zaczęła nawiązywać zdrowsze relacje z mężczyznami, którzy odgrywali w jej życiu rolę autorytetów.

WEŹ GŁĘBSZY ODDECH, TERAZ CHWILA DLA CIEBIE

- Czy możesz rozpoznać przekonania, które ugruntowały się w tobie w dzieciństwie?
- Jak przebiegał proces weryfikacji tych poglądów w dorosłym życiu?
- Czy umiałeś przekształcić niektóre z tych przekonań, czy raczej ciągle przy nich trwasz?
- Jeśli zmieniłeś którąś z głównych opinii, jaki wpływ miało to na twoje życie?
- Co teraz pragnąłbyś zmienić?

Rozdział 14

MOJA FILOZOFIA

Największym odkryciem w czasach mojego pokolenia jest to, że ludzka istota może odmienić swoje życie poprzez zmianę nastawienia umysłu.

William Blake

PRAWDA UNIWERSALNA A PRAWDA KONTEKSTOWA

Zauważyłam, że istnieją dwa rodzaje prawdy: Prawda Uniwersalna i prawda kontekstowa. Prawda Uniwersalna ma bardzo specyficzną wibrację. Można powiedzieć, że jest zsynchronizowana ze światłem. Może być rozpoznana również poprzez uczucie pełnego spokoju, radości, nawet uniesienia, jakie wywołuje w naszym ciele. Jest prosta i zawsze zakorzeniona w miłości. Jeśli coś jest prawdą, znajdziemy to zarówno w każdej religii, filozofii i kulturze, jak i w podejściu naukowym.

Prawda kontekstowa to stwierdzenia, które były prawdziwe dla konkretnej osoby lub grupy ludzi w danym czasie lub w danych okolicznościach, ale okazuje się, że nie są prawdziwe zawsze i w każdej sytuacji. Najczęściej prawdę kontekstową tworzymy w sytuacjach dramatycznych lub w konfliktach, aby poradzić sobie z tym, co się dzieje. Niesie ona ze sobą uczucia strachu, gniewu, niepokoju, depresji, ekscytacji lub zmieszania. Jeśli zignorujemy te uczucia i nie zmienimy fałszywych przekonań, ciało da nam znać, wzmagając ostrzeżenia – poczynając od lekkiego dyskomfortu, przez wzrastanie poziomu bólu, a kończąc na stanie chorobowym.

Na przykład dziecko ugryzione przez psa może sformułować opinię: „Psy są niebezpieczne". Jeśli ta opinia nie zostanie zweryfikowana, dziecko wzrasta w lęku przed psami, który będzie w przyszłości trudny do przezwyciężenia. Tamten pies rzeczywiście był niebezpieczny, ale nie będzie to prawdą w odniesieniu do wszystkich psów, jakie ta osoba spotka w ciągu dalszego życia.

Wróćmy do historii Sary – dorastała ona w przekonaniu: „Będę kochana, jeśli będę sprawiała przyjemność komuś, kto jest dla mnie ważnym autorytetem". To była wtedy jej kontekstowa prawda. Ale nie Prawda Uniwersalna. Kiedy Sara usiłowała zdobyć uznanie i aprobatę szefa, pracując bardzo ciężko i zaspokajając jego oczekiwania, on po prostu przykręcał śrubę coraz mocniej i obciążał ją coraz bardziej. Ponieważ nie doczekała się jego akceptacji, pracowała coraz więcej, aż doszła do punktu krytycznego i po prostu fizycznie się rozchorowała.

Często w życiu przyciągamy osoby i sytuacje, które dają nam okazję do rozpoznania i skorygowania naszych fałszywych przekonań. Fałszywe przekonanie Sary mówiło jej, że nie wolno jej powiedzieć NIE, nie wolno jej odmówić, kiedy inni czegoś od niej wymagają. Zlekceważyła pojawiające się w ciele sygnały, bo chciała być w porządku w oczach swojego szefa. To nie znaczy, że był on złym człowiekiem; po prostu chciał być cenny dla swojej firmy. W jej życiu stał się lustrem, aby spostrzegła swoje błędne przekonania. Gdyby miała dobrze ustalone, zdrowe granice chroniące jej dobro i właściwie pojęte dobro innych i gdyby miała rozsądne rozeznanie w tym, co może, a czego już nie powinna robić, na pewno lepiej by rozumiała, że szef będzie wymagał coraz więcej, ale tylko od niej zależy, czy powie mu „nie".

Ciało jest czymś, co mnie nieustannie zdumiewa – jakby istniał w nim idealny mechanizm udzielający zwrotnych informacji. Nigdy nie zawodzi i nigdy nie może być oszukane. Nasze ciało nam powie, gdzie zacumowany jest ograniczający nas wzorzec, szkodliwe przekonanie. Możemy zyskać zdolność świadomego obserwowania bolesnych miejsc w ciele, stać się świadomi emocji, które się tam nagromadziły, i wniosków, jakie postanowiliśmy wyciągnąć w konkretnej sytuacji, by sobie z nią poradzić. W świetle bezwarunkowej miłości możemy dostrzec, jakie ograniczenia ten pogląd zawiera i jak możemy go przekształcić, żeby dopasował się do Prawdy Uniwersalnej. Z tej pozycji możemy uczynić pierwszy krok, aby pożegnać się z poglądem opartym na prawdzie kontekstowej i rozpocząć proces uzdrawiania tej części ciała, gdzie był on przechowywany.

NOWA ROLA DLA EGO

Duchowi nauczyciele często mówią o uwolnieniu się od ego czy wyciszeniu umysłu. Jeśli tego próbowałeś, twoje wysiłki mogły kończyć się tak jak moje: całkowitym niepowodzeniem. Chociaż ten najważniejszy cel – zniszczenie ego i otwarcie się na wyższy poziom świadomości – wygląda na bardzo korzystny, z jakiegoś powodu nie jest osiągalny. Kiedy próbowałam unicestwić ego, ono stawało się silne i groźne jak ta zła postać z *Terminatora 2*. Obojętnie, co robiłam, odbudowywało się i ujawniało wciąż na nowo.

Z czasem nauczyłam się, że bardziej efektywne byłoby pokochanie ego i zaprzyjaźnienie się z nim. Kiedy zwróciłam na nie całą uwagę, aby pełniej je rozumieć, doszło do mnie, że moje ego robi wszystko, co jest w jego mocy i na jego poziomie zrozumienia, aby o mnie zadbać i mnie ochronić. Stopniowo je przekonałam, że może podjąć się bardzo ważnej roli w rozwoju mojej świadomości – roli łącznika między moim ciałem a moją duszą. Ego nie musi przewidywać wszystkich opcji rozwiązania danej sytuacji, ale może być posłańcem przekazującym prowadzenie Duchowej Świadomości.

Kiedy zwolniłam ego z obowiązku dostarczania mi wszystkich możliwych odpowiedzi i rozwiązań, w zamian zaczęło się uczyć poprzez obserwowanie Duchowej Świadomości. Gromadziło informacje podczas sesji, kiedy klienci przekształcali prawdę kontekstową w Prawdę Uniwersalną. A ponieważ duchowość prowadziła mnie drogą bezwarunkowej miłości, współczucia i mądrości, moje obserwujące ego było pouczane i wspomagane w tym procesie ewolucji.

TO NIE MUSI TRWAĆ WIECZNIE, WYSTARCZY WŁĄCZYĆ ŚWIATŁO

Kiedy zdecydujemy się zawierzyć mądrości Duchowego Ojca, poddać się ochronie Duchowej Matki i iść drogą Świadomości Dziecka, wstępujemy do innego świata. Będziemy doświadczać zmian w naszym życiu, w miarę jak zmieniamy nasze poglądy. Kiedy prosimy o pomoc z głębi siebie, może się zdarzyć, że pomoc nadejdzie natychmiast – gdy tylko dotrzemy do momentu poddania się, zaufania i słuchania rad przewodnika.

Ale tego nie można udawać. Zaufanie i wiara muszą być w pełni przeżyte. Kiedy zrozumiałam, że ciemność pochodzi z fałszywego przekonania, uwierzyłam, że mogę bardzo prosto zapalić światło. Włącznikiem jest powiedzenie z najgłębszą szczerością: „Poddaję się Duchowości, bo ufam. Jestem gotowa zobaczyć prawdę tej sytuacji, cokolwiek to jest, bez żadnych zastrzeżeń, bez żadnego sprzeciwu".

Kiedy w ciemnym pokoju włączamy światło, rozjaśnia ono przestrzeń od razu – dokładnie w momencie naciśnięcia kontaktu. W tym świetle mogę zobaczyć, co spowodowało moje obecne doświadczenie, moją trudną sytuację. Mogę podjąć natychmiastową decyzję i wtedy wszystko także natychmiast się zmieni.

BYĆ TU I TERAZ

Często wierzymy, że jeśli jesteśmy obecni „tu i teraz", to nie znajdujemy się w mocy starych przekonań, naszego starego zaprogramowania ani starych mechanizmów obronnych. Niestety, ciało nadal przechowuje zastarzałe, utrwalone przez czas opinie – od chwili kiedy je stworzyliśmy. Być „tu i teraz" to znaczy być świadomym nie tylko tego, co dzieje się teraz dokoła mnie, ale również tego, co dzieje się we mnie, włącznie ze świadomością mechanizmów obronnych stosowanych w danym momencie, ale często stworzonych w odległej przeszłości. Ponieważ w ciele przechowane są wszystkie przekonania, jakie dotychczas wykreowaliśmy, bycie obecnym „tu i teraz" wymaga, abyśmy zaobserwowali i uświadomili sobie wszystkie reakcje i emocje, które legły u podłoża tych przekonań. Być obecnym „tu i teraz" to znaczy zdawać sobie sprawę z poglądów i przekonań odnoszących się do tej właśnie sytuacji i widzieć, jak wpływają na mnie właśnie w tej chwili. Ale żeby te mechanizmy zmienić, czasami musimy wrócić do momentu, w którym je stworzyliśmy, a także zobaczyć, jakie emocje uruchamiają te mechanizmy, abyśmy w chwili gdy stary pogląd znów chce zadziałać, byli na tyle świadomi, by zastąpić go nowym.

W przypadku Sary ktoś może powiedzieć, że przecież była „tu i teraz" w swojej sytuacji w pracy. Jednak choć miała świadomość tego, że relacje z szefem są powodem jej ogromnego stresu, nie wiedziała, że rządzi nią jej stary, podświadomy program, który się wtedy uruchamiał. Dopiero choroba zwróciła jej uwagę na te mechanizmy i uświadomiła, że konieczne jest wprowadzenie zmian.

Kiedy nasz pogląd wkracza do akcji, część ciała, w której jest on zapamiętany, również się aktywizuje – a zatem należy jedynie obserwować, która to część ciała i co się tam dzieje. Być obecnym „tu i teraz" znaczy więc, że nieustannie obserwujmy, co myślimy, co czujemy i jak reagujemy. Skupiamy uwagę na ciele i rozpoznajemy, w których jego częściach pojawia się napięcie. Każda sytuacja, która powoduje nasze zdenerwowanie, gniew, nadpobudliwość, stres lub lęk, jest okazją do zrozumienia reakcji i stworzenia nowej, lepszej wersji danego przekonania czy mechanizmu obronnego. Tego rodzaju chwile dają nam okazję do tworzenia takiego życia, jakiego naprawdę chcemy – życia wolnego od stresu i frustracji, a wypełnionego radością i miłością.

Wszystko, co trzeba zrobić, to słuchać i uczyć się naszego wewnętrznego systemu alarmowego. Jego sygnały ostrzegawcze to klucz do rozróżnienia, czy nasze przekonanie jest prawdą, czy częściową prawdą, czy też kompletną bzdurą.

Jako użytkownicy komputerów, doskonale wiemy, jak ważny jest moment decyzji, czy chcemy trwale zapisać dokument na twardym dysku, czy nie. Zwykle pojawia się wtedy ostrzegawcze pytanie: „Czy na pewno chcesz zapisać ten dokument (program)?" – i mamy chwilę do namysłu, zanim klikniemy OK. Może nie zawsze jesteśmy tego świadomi, że my też mamy własny, sprawny i wygodny system ostrzegawczy, zabezpieczający nas przed trwałym zapisaniem ograniczających poglądów. Często odczuwamy to ostrzeżenie jako swoiste wrażenia w ciele. Mówimy na przykład: „flaki mi się przewracają", „czuję łaskotanie w brzuchu", „ściskało mnie w gardle", „poczułam zawrót głowy", „miałam mrówki w prawej ręce i gęsią skórę na plecach", „czułam, że zaraz zwymiotuję", „zastygłam w oczekiwaniu", „sparaliżował mnie strach", „wykręcało mi głowę w jego kierunku", „czułam, że umieram z wyczerpania", „odwrócił się z niesmakiem", „nie mogła zrobić ani kroku dalej", „znieruchomiała jak słup soli", „uczucie rozkoszy ogarnęło jej całe ciało", „podniosła ręce w geście rozpaczy", „nogi same zaczęły tańczyć", „serce zamarło jej z niepokoju", „mało mi serce nie pękło", „serce mnie boli, jak o tym myślę". Są też łagodniejsze wrażenia, które nazywamy intuicją.

ZNACZENIE BLISKICH ZWIĄZKÓW

Każdy, kto się pojawia w naszym życiu, jest w jakimś sensie lustrem, w którym możemy zobaczyć siebie. Szczególnie ktoś, kto wiele dla nas znaczy, jak bliski przyjaciel czy współpracownik. Dlatego najbliższe związki stwarzają największe wyzwania. Nasi współmałżonkowie są zwykle ekspertami w dotykaniu naszych emocjonalnych odcisków. Zwykliśmy uważać, że pochodzi to z braku miłości, podczas kiedy faktycznie bierze się z jej najgłębszego poziomu. Często zbliżamy się do tych a nie innych ludzi, ponieważ mamy podobne poglądy do przetworzenia. Intymne związki mają szczególne znaczenie dla naszego rozwoju. Możemy złapać się na tym, że powtarzamy pewne zachowania albo relacje, że przyciągamy ludzi tego samego rodzaju. Nasze kolejne związki często mogą się tak samo kończyć mimo wszelkich wysiłków, aby coś w nich zmienić.

W romantycznych związkach wierzymy, że jeśli będziemy kochający dla partnera, to on też będzie nas kochał. Częściowo jest to prawda, ale istnieje też inna dynamika, której się nie domyślamy: w bliskich związkach ta druga osoba odzwierciedla to, jacy jesteśmy i jak rozumiemy miłość. Na przykład możemy myśleć, że partner nas w ogóle nie słucha, i czujemy się zranieni, że wręcz nie zwraca na nas uwagi. Możemy na niego krzyczeć i się złościć. A tak naprawdę to, co nas złości i frustruje w innych, jest właśnie tym, czego nie lubimy w samych sobie i co w głębi duszy chcielibyśmy dostrzec i zmienić. Dopóki nie zrozumiemy, że my też mamy problem ze słuchaniem kogoś, dopóty pewnie będziemy sfrustrowani, że druga osoba nas nie słucha.

PRZEKSZTAŁCANIE PRZEKONAŃ – HISTORIA JESSIKI

Ta historia została zarejestrowana przez jedną z moich klientek, która przekształciła ograniczające przekonanie, prześladujące ją od czasu, kiedy była nastolatką.

> Na jednej z sesji moje ramiona były tak ciężkie i bolące, że było mi trudno usiedzieć na krześle. Ten ból ramion dokuczał mi od wielu lat. Podczas sesji przypo-

mniałam sobie coś, co wydarzyło się w moim życiu, kiedy miałam trzynaście lat. Zapisano mnie do katolickiej szkoły, która była za daleko, żebym mogła codziennie dojeżdżać z domu. W zamian za wynajęcie pokoju i jedzenie miałam opiekować się pięciorgiem dzieci, gotować i sprzątać dom. Wtedy powstało we mnie to przekonanie, że jestem odpowiedzialna za dobrostan osób żyjących wokół mnie, więc przez całe życie zachowywałam się jak „matka" i „opiekowałam się" ludźmi. To „matkowanie" rozciągało się także na kolegów w pracy oraz na moich partnerów. Jeśli coś wymagało troski, opieki, podejmowałam się tego – obojętnie, czy byłam za to odpowiedzialna, czy nie. To powodowało moje kłopoty w relacjach z ludźmi, którzy często odczuwali to nie jako pomoc, ale jako rządzenie się i wtrącanie się w nie swoje sprawy. Czuli, że traktuję ich jak niezdolnych albo niesprawnych, co oczywiście ich złościło. Niektórzy natomiast zaczynali się ode mnie uzależniać, chcieli, żebym wszystko za nich załatwiała, i porzucali własną odpowiedzialność za swoje życie. Analizując głębiej to moje „matkowanie", odkryłam, że moje poczucie własnej wartości zależało od tego, czy pomagam innym. Wierzyłam, że gdybym im nie pomagała, toby mnie nie kochali. Dlatego bardzo trudno było mi powiedzieć „nie" i wyrazić własne potrzeby w danej sytuacji.

Przyglądając się temu odkryciu, doszłam do wniosku, że nie miałam prawdziwego dzieciństwa i nie miałam prawdziwego kontaktu z dziecięcą częścią mojej osobowości. Dorastaliśmy na farmie. Mój brat i ja musieliśmy od wczesnych lat we wszystkim pomagać. W lecie zawsze pracowaliśmy po dwanaście godzin dziennie. Zwykłe dziecięce gry i zabawy, uprawianie sportu, pływanie – były bardzo rzadkie, wymagały specjalnego pozwolenia i mogliśmy to robić dopiero po wypełnieniu wszelkich obowiązków.

Teraz, po tej sesji, zostałam zachęcona do odkrywania przez kolejny miesiąc mojego wewnętrznego dziecka. Przez ten miesiąc zadawałam sobie pytanie: „Co dziecko zrobiłoby w tej sytuacji?" – i słuchałam, co mówi mój wewnętrzny przewodnik. Odpowiedzi sugerowały, żebym bardziej zadbała o swoje interesy i po prostu miała więcej zabawy, jak dziecko. Zaczęłam więc umawiać się z przyjaciółmi na gry i zabawy, a nawet wybrałam się do Chicago do mojego ulubionego parku rozrywki.

Te doświadczenia bardzo mnie zmieniły i jak się przekonałam, również ludzie wokół mnie zaczęli się zmieniać. Zaczęli sami wykonywać tę robotę, którą robiłam za nich przez te wszystkie lata. Stali się moimi partnerami, pracowaliśmy wspólnie. Kiedy dałam im przestrzeń do ich własnej odpowiedzialności, przejmowali ją i realizowali swoje zadania. Przez ten miesiąc zrobiliśmy więcej niż normalnie. Może to się wydawać niewiarygodne, ale nie czułam się zestresowana i ból w ramionach ustąpił.

Doświadczając tej energii, sformułowałam nowe przekonanie: To ja jestem tą osobą, której należy się najbardziej troskliwa opieka; znam swoje potrzeby i umiem je wyrazić". Ten nowy pogląd odzwierciedlał to, jak ważne jest zajmowanie się moim wewnętrznym dzieckiem – jest całkiem w porządku bawić się i nie pracować przez cały czas.

Teraz czuję, jak swobodnie poddaję się przepływowi życia. I co więcej, ludzie, których zobaczyłam znowu pod koniec tego miesiąca, stwierdzili, że wyglądam o dziesięć lat młodziej. Rzeczywiście czuję, jakby ktoś zdjął mi z ramion wielki ciężar.

WEŹ GŁĘBSZY ODDECH, TERAZ CHWILA DLA CIEBIE

- Wybierz jedną z cech, która najbardziej cię frustruje i złości u najbliższej osoby. Czy widzisz, jak to się może wiązać z jakimś twoim głębokim przekonaniem?
- Kto jeszcze, wcześniej niż twój obecny partner, wywoływał w tobie podobne uczucia?
- Czy pamiętasz, kiedy najwcześniej te uczucia pojawiły się w twoim życiu?
- Czy mechanizm obronny, którego używałeś w przeszłości, nadal jest skuteczny?
- Czy możesz zmienić ten mechanizm obronny na inny?
- Jak mógłby on zadziałać w podobnej sytuacji obecnie?

Rozdział 15

CIAŁO I UMYSŁ W DZIAŁANIU

Nie da się rozwiązać problemu, używając tego samego myślenia, które go spowodowało.

Albert Einstein

JAK KOMPUTER

Dzięki mojemu doświadczeniu z projektowaniem komputerów łatwo mi było zobaczyć podobieństwa pomiędzy działaniem ludzkiego umysłu i mojego domowego PC. Tak naprawdę wiele osób ma lepsze pojęcie o tym, jak pracuje komputer, niż o tym, jak działa ich własne ciało i umysł. Dlatego też używam porównania do komputera, wyjaśniając niektóre podstawowe zasady funkcjonowania naszych przekonań, przetwarzania ich przez mózg i ostatecznie magazynowania ich w naszym ciele.

Komputer to dwa podstawowe elementy: hardware, czyli sprzęt komputerowy, i software, czyli oprogramowanie. Hardware, czyli fizyczne płytki z układami scalonymi, jest bardzo szybki w działaniu. Są to moduły pełniące ściśle określone funkcje jak na przykład: centralny procesor (CPU) i pamięć operacyjna Random Access Memory (RAM) oraz specjalne zespoły, takie jak karta graficzna, karta dźwiękowa, karta internetowa i tak dalej. Ich projektowanie i przygotowanie do produkcji, a potem jakiekolwiek zmiany są czasochłonne i bardzo kosztowne. Stworzenie software, czyli oprogramowania, zajmuje znacznie mniej czasu i wprowadzanie zmian jest dużo łatwiejsze. Oprogramowanie składa się z systemu operacyjnego (na przykład Windows 7 albo Unix) oraz aplikacji, które instalujesz, żeby wykonać konkretne zadania, takie jak pisanie tekstów, tworzenie bazy danych, słuchanie muzyki i tak dalej. Gdy już dokładnie wiemy, jaki jest proces działania i jakie funkcje są potrzebne, by komputer mógł pracować, wtedy możemy zaprojektować to na płytkach, w ten sposób znacznie zwiększając szybkość pracy. Dawniej komputery wykonywały wiele funkcji, używając oprogramowania pracującego na CPU. Na początku komputer odpowiedzialny za przekazywanie informacji w formie wizualnej zajmował całe wielkie pomieszczenie. Procesory bywały tak przeciążone i działały tak wolno, że konieczne stało się skonstruowanie podzespołów (hardware), jak na przykład karty graficzne. Kiedy doświadczalnie przekonaliśmy się, czego potrzebujemy od komputera, i chcieliśmy, żeby działał naprawdę szybko, projektanci komputerowi zaczęli przyłączać coraz więcej funkcji na stałe, w formie układów scalonych, zamiast produkować je jako oprogramowanie.

Skomplikowana grafika wysokiej jakości, z jaką spotykamy się w dzisiejszych grach komputerowych i aplikacjach (takich jak edycja filmów wideo, produkcja nagrań dźwiękowych, obróbka fotografii), nie byłaby możliwa bez szybkich kart graficznych. Nie myślimy o nich, zajmując się naszą grą, ale bez nich komputer okazałby się tak wolny, że nie byłoby zabawy.

Jeśli przeniesiemy ten opis komputera na bardziej osobisty poziom – poziom naszego ciała – możemy pozwolić sobie na porównanie: nasze ciało ma również hardware i software. Hardware to nasz mózg, to nasz procesor i pamięć operacyjna (RAM) – system połączeń neuronowych (synapsy), które tworzą wyspecjalizowane obwody scalone przyspieszające nasz czas reakcji. Mamy też wiele modułów oprogramowania, które składają się na naszą świadomość – mnóstwo odrębnych programów właściwych dla różnych osób. Te programy są zapamiętywane w ogromnej długoterminowej pamięci, którą jest nasze ciało.

Tak samo jak karta graficzna znakomicie zwiększa szybkość, z jaką prezentuje się gra komputerowa, również sieć połączeń nerwowych w mózgu znakomicie zwiększa naszą zdolność podejmowania rutynowych czy dobrze znanych nam zadań. Oto jak działa sieć systemu nerwowego: za każdym razem kiedy coś poznaliśmy i wiemy już, jak to robić, mózg tworzy obwód scalony, który odpowie tak samo na podobną sytuację w przyszłości. Dana metoda radzenia sobie z konkretnymi bodźcami (jak sytuacje czy emocje) jest traktowana przez mózg jako poprawna aż do chwili, kiedy uznamy że już nie działa użytecznie, i postanowimy ją zmienić. Nauka określiłaby to tak: kiedy bodziec dociera do mózgu, synapsy budują sieć połączeń neuronowych i zapisują je na trwałe jako odpowiedź na tę sytuację. Na przykład: „Kiedy się boisz, uciekaj" albo: „Gdy odczuwasz lęk, atakuj". Jeśli za każdym razem używasz tych schematów, ulegają one wzmocnieniu.

Kiedy jednak dochodzisz do wniosku, że ta metoda – to przekonanie – nie zdaje już egzaminu, wtedy zmieniasz podejście i staje się ona słabsza z powodu braku aktywności. Angielski pisarz i filozof James Allen określił to następująco: „Stajemy się tym, o czym ustawicznie myślimy". Ponieważ zwracamy większą uwagę na konkretne przekonania czy działania i powtarzamy je w codziennym życiu, stają się tym, co nazywamy nawykiem. Nasza sieć neuronowa „wie", w jaki sposób dać sobie radę z tym zadaniem. Działa znacznie szybciej niż świadoma część mózgu, zupełnie tak jak karta graficzna pracuje szybciej niż osobny program kierowany przez CPU. Po jakimś czasie sieć neuronowa zaczyna działać bez udziału naszej świadomości. W efekcie reagujemy więc szybciej, niż myślimy. Czasem na przykład zdarza się, że jedziemy do domu automatycznie i nawet nie pamiętamy, że to robiliśmy.

Kiedy już doprowadzimy daną aktywność do perfekcji, nie musimy obserwować uważnie każdego kroku, gdy coś robimy. Nasza świadomość może się w tym samym czasie zająć czymś innym, na przykład planujemy sobotni wieczór, jadąc z pracy do domu. W tym wypadku możemy zaoszczędzić czas, robiąc dwie rzeczy naraz. Jednak ten automatyzm może nas też wpędzić w kłopoty – na przykład od razu wpadamy w złość, gdy ktoś spojrzy na nas krzywo, albo zaczynamy się niecierpliwić, gdy tylko pojawia się jakaś trudność. Za każdym razem mózg odbiera bodziec i albo buduje nowy, albo też wzmacnia stary nawyk. Jeśli przekonanie jest prawdziwe i słuszne, ten proces staje się dla nas korzystny, natomiast jeśli zakodowana opinia jest fałszywa, mogą zrodzić się problemy.

Wielu z nas nie zdaje sobie sprawy z tego, że:

- *Zwykle nie jesteśmy świadomi, że mamy nawyki, które działają jak autopilot.*

- *Często nie wiemy, jak pozbyć się nawyku, który chcemy zmienić, albo jak zainstalować w to miejsce nowy program, aby otrzymywać inne wyniki.*
- *Większość z nas nie ma pojęcia, jakiego programu używają inni, więc nie możemy przewidzieć, jak na nich wpłynie nasze działanie.*
- *Każdy bodziec pochodzący ze świata zewnętrznego powoduje wybranie szczególnego programu z naszej podświadomej bazy danych, żebyśmy mogli uporać się z sytuacją. Każde przekonanie to specjalny program; niektóre z tych programów działają dobrze, ale inne wymagają ulepszenia.*

WEŹ GŁĘBSZY ODDECH, TERAZ CHWILA DLA CIEBIE

- Wymień kilka swoich działań, które podejmujesz na zasadzie autopilota.
- Czy pamiętasz, jak długo trwało, zanim zacząłeś się nimi posługiwać?
- Czy kiedykolwiek zakwestionowałeś te działania, żeby zobaczyć, co mógłbyś zmienić, ulepszyć?

Rozdział 16

ULEPSZONE PRZEKONANIA

Wszystko to, czym jesteśmy, jest wynikiem tego, co myśleliśmy. Umysł jest wszystkim. Stajemy się takimi, jakie są nasze myśli.

Budda

TWORZENIE PRZEKONAŃ

Aby przekształcić nasze przekonania, musimy najpierw zrozumieć, jak powstały. Przekonanie było na początku tylko zwykłą myślą. Myśl bywa przelotna, jak przypadkowa idea, która przebiega przez umysł, niby liść wpadający przez okno. Możesz zauważyć, że pogoda jest ładna, że coś brzydko pachnie albo że jesteś głodny. To może być coś, co ktoś powiedział do ciebie mimochodem lub co usłyszałeś w radiu.

W chwili kiedy myśl pojawia się w umyśle, mamy wybór. Możemy ją zaakceptować jako prawdziwą, możemy jej się przyjrzeć i pozwolić jej odejść albo możemy ją skrytykować jako bzdurę, pożegnać i puścić wolno. Kiedy zaakceptujemy myśl jako prawdziwą, stanie się naszą własnością. W tym momencie stajemy się dumnymi właścicielami nowej opinii.

PRZEKSZTAŁCANIE PRZEKONAŃ – HISTORIA MARII

A oto historia jednej z moich klientek – jak przekształciła ograniczające przekonanie, które wywarło znaczny wpływ na jej życie.

Miałam zupełnie złamane serce, kiedy mój chłopak ze mną zerwał. Stało się to właśnie wtedy, gdy wydawało mi się, że wszystko idzie tak dobrze. Przez długi czas byłam sama, czułam się więc cudownie, że znowu kogoś mam i możemy coś razem robić. Wszystko układało się tak wspaniale, że zaczęłam marzyć o wspólnej przyszłości. Te myśli o szczęściu zakłócała czasami obawa, że mogę popełnić błąd, tak jak kiedyś w przeszłości. John był tak niezwykły, a nasz związek tak cenny, że nie chciałam niczego popsuć.

Niestety, z upływem czasu zorientowałam się, że przeszkodą w naszym związku stawał się mój stary nawyk „opiekowania się" ukochanym. Wyglądało to tak, jakbym bardzo chciała pomagać mu w tym, żeby czuł się dobrze sam ze sobą. W ten sposób pragnęłam okazać mu swoją miłość. Starałam się robić dla niego wszystko, co – jak sądziłam – mogłoby sprawić mu radość. Myślę, że sam nawet pewnie nie umiałby wyjaśnić, dlaczego chce zerwać tę znajomość, ale coś w nim domagało się tego i poszedł za tym odczuciem.

Byłam nie tylko zraniona, ale też bardzo zdezorientowana. Dlaczego odszedł, skoro robiłam wszystko, co mogłam, żeby mu pomagać i troszczyć się o niego? Niektórzy znajomi mówili mi, że może próbowałam robić dla niego za dużo, nie zostawiając mu wiele miejsca na to, by sam zrobił coś dla siebie albo dla mnie. Postanowiłam więc uważnie przyjrzeć się wszelkim wyobrażeniom i założeniom, które mną kierowały i decydowały o tym, jaką rolę w naszym wspólnym życiu przypisywałam jemu, a jaką sobie. I odkryłam takie oto przekonania, które we mnie tkwiły:

- Kobieta bez mężczyzny jest bezwartościowa.
- Muszę wiele robić dla kogoś, żebym mogła być kochana.
- Muszę wiedzieć, że on mnie potrzebuje, żebym się czuła bezpieczna.
- Jeśli on jest samowystarczalny, to ja nie jestem potrzebna.
- Jeśli on jest spełniony, to ja nie jestem bezpieczna.

Pracowałam jakiś czas nad tymi przekonaniami, po kolei sprowadzając je do poziomu świadomości, i analizowałam, jak działały w moich poprzednich związkach. W tym czasie ja i John czasami się spotykaliśmy, ale tylko na stopie przyjacielskiej. Cały czas czułam, jak bardzo mi na nim zależy, ale nie mogłam nawet pozwolić sobie na myśl, że znowu będziemy razem. Natomiast wiedziałam na pewno, że nie chcę, aby moje przekonania były przyczyną rozpadu mojego następnego związku. Gdy już rozpoznałam moje fałszywe stare myślenie, zaczęłam tworzyć nowe przekonania, które miały zastąpić te dawne. Zastanawiałam się, jak mam te nowe poglądy wdrożyć w życie.

Okazało się, że zmiany w moim sposobie myślenia zaczęły się jakoś uzewnętrzniać i w końcu dotarły do Johna. Z czasem uznał, że mamy jeszcze szansę, i znowu zaczęliśmy się spotykać. To było jak cud, ale podjęliśmy tę próbę. John odnalazł we mnie osobę, która chce go widzieć jako kogoś kompletnego i wystarczająco dobrego takiego, jaki jest. Teraz kocham go i wspieram naprawdę, podczas gdy dawniej mój brak poczucia bezpieczeństwa był dla niego dużym obciążeniem.

Muszę się przyznać, że moje stare przekonania czasami się odzywają. Różnica polega na tym, że teraz je zauważam i jestem ich świadoma. Kiedy w relacjach z Johnem dostrzegam moje stare zachowania, szybko wracam do nowych poglądów, którymi zastąpiłam dawne błędne przekonania.

Historia Marysi pokazuje, jak wspaniałe efekty może przynieść przekształcenie dawnych przekonań i jak ta zmiana może wpłynąć na postępowanie bliskich nam osób.

PRAWDZIWE CZY FAŁSZYWE – SKĄD TO WIEDZIEĆ?

Są dwa rodzaje wskaźników, czy przekonanie jest prawdziwe, czy fałszywe. Pierwszy to fakt, że powtarzają się okoliczności, w których ten sam problem co pewien czas powoduje nasze kłopoty, i nie możemy znaleźć wyjścia z sytuacji. Nasze przekonanie trzyma nas w niewoli i jesteśmy przez nie schwytani w pułapkę. A niekiedy ten sam wzorzec ciągle się powtarza, choć próbujemy zrobić wszystko, by już się nie powtórzył. Jak bohater filmu *Dzień świstaka*, Phil Connors, telewizyjny prezenter prognozy pogody, który otrzymał wiele okazji, żeby zmienić swoje przekonania i dostrzec rezultaty tej zmiany.

Drugi wskaźnik to uczucie w ciele, dostarczające informacji zwrotnej na temat jakości naszego przekonania. Praktykując, możemy się nauczyć, jak wykorzystywać odczucia naszego ciała jako rzetelny miernik prawdy. Nasz umysł nieustannie przywołuje przeszłość albo fantazjuje o przyszłości, ale nasze ciało jest jak najbardziej tu i teraz. To dlatego świadomość, co się dzieje w ciele, jest tak silnym narzędziem w rozpoznawaniu prawdziwości przekonania i umożliwia jego zmianę.

KROKI DO ZMIANY PRZEKONAŃ

Jeśli chcesz sprawdzić, jak przebiega ten proces, poniżej podaję kroki, które możesz zastosować. W taki właśnie sposób pomagam moim klientom.

- *Zauważ powtarzający się wzorzec, stres lub ból w ciele.*
- *Połóż dłonie w miejscu bólu i skup się na emocji, która się pojawia.*
- *Zaobserwuj, jak i kiedy czułeś już wcześniej tę emocję.*
- *Zaobserwuj, jak reagujesz, kiedy ta emocja się pojawia w określonych sytuacjach życiowych.*
- *Rozpoznaj przekonanie, pogląd albo mechanizm obronny, który wytworzyłeś, żeby poradzić sobie z tego rodzaju sytuacjami.*
- *Wytwórz nowy pogląd lub mechanizm obronny dla tej sytuacji.*
- *Sprawdź nowy mechanizm, stosując go przy najbliższej okazji.*
- *Uczyń tę nową reakcję normą poprzez świadome jej wzmacnianie.*
- *Kiedy powtórzysz to wystarczająco wiele razy, nowe przekonanie stanie się częścią twojej podświadomości.*

Zależnie od przekonania, z którym pracujesz, i zależnie od zranienia, które ono powodowało, możesz potrzebować pomocy, aby dokonać pełnej przemiany. Nie zniechęcaj się, czasem potrzebna jest pomoc drugiej osoba, która utrzyma wibrację bezwarunkowej miłości, abyś mógł dotrzeć do swojej podświadomości.

WEŹ GŁĘBSZY ODDECH, TERAZ CHWILA DLA CIEBIE

- Czy masz jakiś problem do rozpracowania?
- Skupiając się na tym problemie, przeczytaj ponownie pytania w medytacjach Duchowego Ojca, Duchowej Matki i Duchowego Dziecka i zwróć uwagę na odpowiedzi.
- Czy możesz prześledzić ten proces, aby zlokalizować w ciele miejsce, które silnie współbrzmi z twoim problemem? Możesz też powrócić do rysunku 15., żeby określić aspekt twojego życia związany z danym obszarem ciała.
- Jakie wnioski możesz z tego wyciągnąć?

PODSUMOWANIE CZĘŚCI IV

MOC PŁYNĄCA Z DOŚWIADCZANIA EMOCJI

Większość moich klientów przychodzi do mnie, szukając ulgi w dolegliwościach fizycznych albo blokadach emocjonalnych. Przyczyną i źródłem ich fizycznego lub emocjonalnego bólu są ich ograniczające przekonania. Albo zostały one przejęte od innych ludzi, albo była to kontekstowa prawda, którą sami stworzyli, gdy musieli uporać się z bolesnymi lub traumatycznymi doświadczeniami życiowymi. Jednym z najważniejszych życiowych celów jest przekształcenie, przeformułowanie tych przekonań w autentyczne, prawdziwe poglądy, zgodne z wibracją Prawdy Uniwersalnej. Możemy tego dokonać, uświadamiając sobie nasze prawdy kontekstowe, obserwując, jak działają w naszym życiu, i decydując, jak zmienić te poglądy na zdrowsze i bardziej korzystne dla naszego rozwoju. Następnie trzeba je praktykować i z pełną świadomością wprowadzać w życie, aż staną się częścią naszej istoty, naszego funkcjonowania. Bardzo ważna jest umiejętność odróżniania prawdy kontekstowej od Prawdy Uniwersalnej. Pomaga nam w tym obserwowanie emocji naszego ciała. Prawdzie Uniwersalnej towarzyszy uczucie zadowolenia, spełnienia, spokoju i radości, podczas gdy prawdom kontekstowym towarzyszą uczucia złości, zniecierpliwienia, podekscytowania, depresji, strachu, a czasem nawet dolegliwości fizyczne.

Życie dostarcza nam wielu okazji, byśmy ujrzeli skutki naszych ograniczających poglądów, i wciąż powtarza konkretne sytuacje, dopóki nie zaczniemy drążyć głębiej i nie zrozumiemy lekcji, jaka została nam dana do nauczenia. Jeśli będziemy widzieli każde wyzwanie lub problem jako okazję do rozwoju naszej świadomości, przestaniemy czuć się ofiarami i zaczniemy doświadczać poczucia wielkiego komfortu, wiedząc, że sami możemy pozytywnie kształtować nasze życie, jeśli zmienimy powtarzające się negatywne wzorce lub emocje.

Kiedy znajdziemy czas na wysłuchanie informacji zwrotnych, jakich udziela nam ciało, łatwiej nam będzie rozpoznać Prawdę Uniwersalną i otrzymać Duchowe Przewodnictwo. Możemy w ten sposób dokonać wielkich zmian we własnym życiu i w życiu swoich najbliższych. Najsilniejsze przekształcenia pojawiają się zazwyczaj w czasie kryzysów emocjonalnych, kiedy czujemy, że nie mamy nic do stracenia, i nie pozostaje nam nic innego, jak tylko ufnie i szczerze prosić o pomoc, wierząc w przewodnictwo, które możemy otrzymać. Takie chwile dają wspaniałą okazję, by przekształcić przyczyny bólu, zbudować głębsze połączenie z duchowością i uczynić z naszej energii doskonały mechanizm przynoszący zmiany. Możemy się też nauczyć rozpoznawać delikatne sygnały, że zbaczamy ze ścieżki, i wprowadzać zmiany, zanim sytuacje staną się dramatyczne.

W chaosie naszego codziennego życia może się to wydawać niełatwym zadaniem i może będziemy potrzebować czyjejś pomocy, by znów zacząć uczyć się czuć lub rozpocząć proces uwalniania się od negatywnych myśli. Ale kiedy już spróbujemy, nagroda będzie wspaniała. Gdy zdołamy przekształcić emocjonalne blokady i ograniczające przekonania w poczucie autentyczności i prawdy, nasze życie nabierze nowych znaczeń, stanie się świadome i radosne.

Zachęcam wszystkich do podjęcia tego wyzwania – warto wprowadzić takie zmiany, uwolnić się od ograniczeń i mieć życie, o jakim zawsze się marzyło.

Ty jesteś twórcą. Twórz świadomie.

SPIS TREŚCI